HEYNE

PATRICIA RIEKEL

WER BIN ICH, WENN ICH NICHTS MEHR BIN?

Raus aus dem Job
und rein in ein neues Leben.
Vom Glück,
sich im Ruhestand
neu zu erfinden

WILHELM HEYNE VERLAG
MÜNCHEN

Penguin Random House Verlagsgruppe FSC® N001967

2. Auflage
Originalausgabe 2021

Copyright © 2021 by Wilhelm Heyne Verlag, München,
in der Penguin Random House Verlagsgruppe GmbH,
Neumarkter Straße 28, 81673 München
Redaktion: lüra – Klemt & Mues GbR
Umschlaggestaltung: Eisele Grafik·Design, München,
unter Verwendung der Fotos von © Kay Blaschke /
Penguin Random House
Bildredaktion: Tanja Zielezniak
Satz: Satzwerk Huber, Germering
Druck und Bindung: Pustet, Regensburg
Printed in Germany
ISBN: 978-3-453-20736-3

www.heyne.de

Inhalt

Vorwort

Jeder Tag ein Abenteuer! Konferenzen, Texte schreiben, Fotos aussuchen, Interviews mit Prominenten, TV-Auftritte, Modeschauen in Paris, abends gesellschaftliche Verpflichtungen. Stress war mein persönliches Speed, sorgte für Spannung und erhöhten Energie-Level.

50 Jahre habe ich als Journalistin gearbeitet, davon 21 Jahre als Chefredakteurin von BUNTE, Europas größtem People-Magazin. Ich habe meinen Beruf geliebt, mich nicht eine einzige Stunde gelangweilt. Und dann, von einem Tag auf den anderen, war alles vorbei. Ende. Klappe zu. Stecker raus. Mit 67 Jahren wechselte ich in den Ruhestand, von dem ich keine genaue Vorstellung hatte. Von Männern in Spitzenpositionen wusste ich allerdings, wie schwer manche das Ende ihrer Karriere verkraften. Der typische Workaholiker fällt in ein seelisches Tief, weiß nicht, wohin mit brachliegender Tatkraft und Energie. Einige ehemalige Wirtschaftsbosse sehe ich gelegentlich auf E-Bikes durch München rasen. Tief gebeugt über das Lenkrad, als müssten sie noch immer wichtige Verabredungen einhalten.

Erleben Frauen das Ende ihrer Karriere anders als Männer? Zugegeben, auch für mich fühlte sich der Ruhestand zunächst an, als wäre ich aus einem fahrenden Karussell gestürzt. Die Welt drehte sich weiter, aber ohne mich. Das Telefon blieb stumm. Leerer Terminkalender. Keine Kontakte mehr zu wichtigen Menschen, mit denen ich jahrelang zu tun hatte. Dafür neue Problembewältigungen, wie man als reife Person elegant und ohne Ausrutscher aus der Badewanne kommt. Und ob man vorsichtshalber die hübsche Wendeltreppe zusätzlich mit einem Treppenlift verzieren sollte. Drohte die Alters-Depression? Nichts da! Wie Alice im Wunderland betrat ich eine neue Welt, in der sich die Größenverhältnisse auf magische Weise verändert hatten. Früher Wichtiges schrumpfte zur Bedeutungslosigkeit. Nicht mehr in Reihe eins? Na und, weiter hinten sitzen die lustigeren Leute. Dafür wuchs zum Riesenspaß, was in meinem früheren Leben undenkbar gewesen wäre: ein verbummelter Vormittag mit Freundinnen im Bistro zum Beispiel. Ich entdeckte neue kreative Seiten an mir, hatte Lust – vor allem auch Zeit –, mich auf allen möglichen Gebieten zu engagieren. Für Freunde, für Politik, für junge Talente. Meine wichtigste Entdeckung: Humor ist die wunderbarste Gabe im Alter! Ich habe noch nie so viel mit Freundinnen gelacht wie jetzt, wo wir uns im besten Alter befinden, aber mit seltsamen Veränderungen konfrontiert werden. Mit Haaren etwa, die auf dem Kopf fehlen, dafür aber am Kinn zu sprießen beginnen. Glücksforscher bestätigen, dass Menschen ab 60 Jahren zufriedener werden. Ich kann das nur bestätigen. Wir müssen nichts mehr werden, weil wir schon so vieles erlebt und erreicht haben. Diese innere Freiheit kann uns beflügeln. Wir kennen unsere Fähigkeiten, schmunzeln über kleine Schwächen, die einfach zu uns gehören.

Mit meinem Buch möchte ich Sie mitnehmen auf meine beschwingte Reise in den »Ruhestand«. Eines kann ich Ihnen schon verraten: Ich bin immer noch in Bewegung. Ja, es gibt auch Schatten, melancholische Tage, zum Älterwerden gehören Abschiede. Andrerseits habe ich noch nie so intensiv gelebt wie jetzt. Betrachten Sie mein Buch als Inspiration, wie heiter und leicht das Leben sein kann, wenn man sich aus der Arbeitswelt verabschiedet. Alt werden ist nicht das Ende, sondern ein Anfang. Alice im Wunderland erkundigt sich bei der Grinsekatze, welchen Weg sie einschlagen soll. »Das hängt im beträchtlichen Maße davon ab, wohin du gehen willst«, antwortet diese. »Hauptsache, ich komme irgendwohin«, erklärt Alice. »Das wirst du sicher, wenn du lange genug gehst«, sagt die Grinsekatze. Genau das ist der Königsweg, wie man in einen glücklichen Ruhestand rutscht. Hauptsache, wir bleiben in Bewegung. Dann wird es die beste Zeit in unserem Leben!

KAPITEL 1

Die Sitzordnung ändert sich

Sie werden gebeten, folgenden Platz einzunehmen: 8. Reihe, Platz 266, Eingang rechts. Für die Sitzkarte in meiner Hand würden manche morden. Der Bayerische Fernsehpreis im Prinzregententheater ist eines der großen gesellschaftlichen Ereignisse in München. In Reihe neun sitzt Jutta Speidel. Sehr gut. Wenn eine so bekannte Schauspielerin hinter mir platziert wird, kann meine Reihe nicht die schlechteste sein. Noch besser: In meiner Reihe sitzt auch der berühmte Friedrich von Thun. Weniger gut: Zwei Reihen vor mir sehe ich eine attraktive Blondine, deren einziger Verdienst darin besteht, dass sie mit zwei Schauspielern liiert war.

Wieso sitzt die prominenter als ich? Und der pensionierte TV-Chefredakteur residiert sogar drei Reihen vor mir. Der ist doch aus der öffentlichen Wahrnehmung längst verschwunden! Das schmälert den Wert meines Sitzplatzes in Reihe acht nun doch erheblich.

Wahrscheinlich fragen Sie sich jetzt, ob ich kein anderes Problem in der Welt habe. Ich könnte ja froh sein, dass ich überhaupt sitze. Weiter hinter gibt es auch Stehplätze. Aber wenn ich eines in meinem Job als Chefredakteurin eines People-Magazins gelernt habe, dann das: Die Sitzordnung entscheidet über deinen Status in der Gesellschaft. Gehörst du zum *inner circle*, oder bist du nur eine Randfigur?

Ich stelle mir vor, wie sie in der Protokollabteilung ratlos über meinem Namen auf der Gästeliste brüteten. Wo setzen wir die hin? Früher saß sie ganz vorn. Na ja, da war sie noch was, das ist jetzt vorbei. Ganz hinten geht auch nicht, man kennt sie schließlich noch! Also irgendwo in der Mitte, Reihe acht zum Beispiel. Da lande ich jetzt bei Premieren und Galas immer zwangsläufig – im neutralen Mittelfeld, zwischen den Reihen sechs bis neun.

Das war die erste Lektion, die ich im Ruhestand lernte: Die Sitzordnung ändert sich! Als ich noch in Amt und Würde war, platzierte man mich in Reihe eins, zwei, wenn's ganz schlimm kam, in Reihe drei. Schon klar, das hatte nichts mit meiner Person, sondern mit meiner Position zu tun. Ich will es nicht leugnen: Das Leben in Reihe eins ist angenehm, man befindet sich im Zentrum der Aufmerksamkeit, gehört zu den Wichtigen und Mächtigen, zu denen, die es »geschafft« haben.

Da fühlt sich die Reihe acht wie ein Abstieg an. Natürlich hatte ich mich darauf vorbereitet, dass mit meinem Abschied aus dem Beruf viele Privilegien wegfallen würden – Reisen, Termine, Meetings, Dienstwagen, Sekretärin, Statussymbole wie reservierter Parkplatz. Alles, was einem das Gefühl schenkte, ungeheuer wichtig und unersetzlich zu sein. Das konnte ich gut verkraften. Nicht aber diese verflixte Reihe acht. Die fühlte sich wie eine Degradierung an. In aller Öffentlichkeit wurde so dokumentiert, wie unwichtig ich geworden war. Die Reihe acht pikste wie ein Mückenstich. Schaute da jemand schadenfroh?

Ich bin nicht ahnungslos in das Ende meines Berufslebens hineingeschliddert. Ich hatte Pläne, jede Menge Ideen. Ich wollte nicht, wie von vielen prophezeit, in ein schwarzes Loch stürzen. Das hört man ja oft von Managern und anderen Wichtigtuern, dass sie im Ruhestand krank und depressiv werden, weil sie nichts mehr mit sich und ihrer Zeit anzufangen wissen.

Bis zuletzt hatte ich unter Volldampf in der Redaktion gearbeitet, Meetings abgehalten, Themen besprochen, Editorials geschrieben, Titelbilder entschieden – und von einem Tag auf den anderen war alles vorbei. Ich kam mir vor wie jemand, der, aus dem Karussell gestoßen, taumelnd versucht, sein Gleichgewicht wiederzufinden. Eine kurzfristige Orientierungslosigkeit hatte ich eingeplant. Nicht jedoch, wie einsam man sich fühlt, wenn das Telefon nicht mehr klingelt. Eine Stille, die in den Ohren dröhnt. Und wie überflüssig man sich vorkommt, wenn morgens im Radio die Staus im Berufsverkehr gemeldet werden und du nicht mehr drinstehst. Das ist ein Gefühl der Ohnmacht, ja und auch des stillen Grolls.

Hätten sie mich nicht wenigstens in Reihe vier setzen können? Schluss jetzt mit dem Gejammer, wer in den Ruhestand wechselt, muss sich mit noch mehr Veränderungen abfinden. Ich zum Beispiel wurde zum Problem für ambitionierte Gastgeber. Früher, in meiner aktiven Zeit als Chefredakteurin von BUNTE, platzierte man mich sehr oft neben dem Ehrengast. Schmeichelhaft, aber übrigens nicht immer ein Gewinn.

Ich erinnere mich an einen Abend neben Franz Beckenbauer. Viele Fußballfans würden sonst was dafür geben, einmal neben dem Kaiser sitzen zu dürfen, um mit ihm über die »Viererkette« zu diskutieren. Aber was Fußball angeht, lebe ich im totalen Abseits, und das trifft umgekehrt auf Franz Beckenbauer zu, wenn es um Small Talk geht. Außer einem »Schau'n mer mal« war ihm nichts zu entlocken, und wir verbrachten den Abend in meditativem Schweigen.

Ein weiteres Beispiel: Eine besonders liebe Freundin setzte mich bei einer ihrer grandiosen Einladungen neben ihren Stargast Cliff Richard. Sie schwärmte von ihm als besonders unterhaltsamem Freund. Nun, er war der Held meiner Teenagerzeit gewesen, und automatisch summte ich leise »Lucky Lips«, einen seiner Hits, den ich mit einer Jugendliebe verband.

Er warf mir einen schmerzhaften Blick zu, nahm eine kleine Kamera und filmte die Festgesellschaft. Kein einziges Wort wechselten wir, bis ein Teil seiner Kamera unter den Tisch fiel. Wir krabbelten beide auf dem Boden herum, und als ich das Teil fand, murmelte er: »*Thank you, very kind*« – und filmte weiter. Das war mein Abend neben dem großen Cliff Richard.

Ehrengäste sind selten unterhaltsam, obwohl sie wissen, dass sie die Trophäe des Abends sind und alle Anwesenden etwas Spektakuläres erwarten. Mein Tischnachbar Bill Clinton sah mich immerhin zehn Sekunden lang intensiv an, um sich dann für immer nach links abzuwenden, wo eine Lady saß, die mehr seinem Beuteschema entsprach. So blieb es bei einem »Mister President« meinerseits und einem »*Good evening*« seinerseits.

So schmeichelhaft es fürs Ego auch ist, am Ehrentisch zu sitzen, so verkrampft fühlt man sich zugleich dabei. Gilt im Übrigen auch für jede erste Reihe. Du bist nämlich Teil der Inszenierung und musst die gute Laune wie das Kaninchen aus dem Zylinder hervorzaubern. Das wird von dir erwartet. Sitzen Frisur und Gesichtsausdruck? Sie ahnen ja nicht, wie anstrengend ein Dauerlächeln sein kann. Ich hatte deswegen schon öfter Muskelkater um den Mund herum. Aber wenn man bei TV-Liveübertragungen nicht die Mundwinkel nach oben zieht, heißt es schnell, man sei krank oder habe ernsthafte Eheprobleme.

Prominente kennen das: Sie denken vielleicht gerade darüber nach, warum der Installateur schon wieder den Termin verschoben hat, achten nicht auf die Mundwinkel, und schwupps taucht ein Fotograf auf. In BUNTE steht dann in der Bildunterschrift, dass Herr oder Frau X offenbar gerade eine Lebenskrise haben.

Aber nun ist es, wie es ist: Ich sitze nicht mehr am Ehrentisch. Und wissen Sie, was? Mein Leben ist so viel kommunikativer geworden. Manchmal kommt es mir vor, als wäre ich wie Dornröschen aus einer hundertjährigen Starre erwacht. Neulich landete ich an einem Tisch neben dem Klavierlehrer der Kinder der Gastgeber. In meiner Zeit als Chefredakteurin hätte ich das als Kränkung empfunden, heute ist es ein Abenteuer, mit Menschen zu reden, die früher nicht meine Bahnen gekreuzt hätten. Mit dem Klavierlehrer habe ich über meinen Traum gesprochen, Klavier spielen zu können. Er meinte, seine älteste Schülerin sei 83 Jahre alt. Das sind ganz neue Perspektiven für den Ruhestand.

Es gab viele Abende, an denen ich erleichtert darüber, dass die Veranstaltung zu Ende war, nach Hause ging, weil es manchmal Schwerstarbeit ist, die Person zu sein, die andere von dir erwarten. An jenem Abend mit dem Klavierlehrer fühlte ich mich jedoch leicht statt erleichtert. Endlich die sein können, als die ich mich fühle. Unverstellt, unvollkommen, total privat.

Als größtes Privileg in meinem Ruhestand, der alles andere als ruhig ist, empfinde ich die Tatsache, frei von allem zu sein – auch von den Erwartungen, die andere in mich setzten.

KAPITEL 2

Wer bin ich,
wenn ich nichts mehr bin?

Kriminalrat Uwe Lemp ist normalerweise ein entschlossener Mann. Jetzt aber lässt ihn ein Gedanke nicht mehr los. »Haben Sie manchmal Angst davor, im Alter allein zu sein?«, erkundigt er sich bei der Kollegin, Hauptkommissarin Doreen Brasch. Und während er nachdenklich auf seinem Schreibtisch Papiere hin und her schiebt, gesteht er: »Ich habe wahnsinnige Angst davor. Was passiert mit mir, wenn ich irgendwann einmal keine Funktionen mehr habe?«

Das ist keine Szene, die ich mir für mein Buch über das Leben im Ruhestand ausgedacht habe. Nein, sie spielt im ARD-Polizeiruf »Mörderische Dorfgemeinschaft« und soll wohl zeigen, dass Typen, die sonst vor nichts Angst haben, beim Gedanken an die Rente zu Weicheiern werden können. Der erfahrene Kriminalrat neigt normalerweise nach 30 Dienstjahren, acht davon im Mordkommissariat, nicht zu

Sentimentalitäten. Ein harter Hund, aber in dieser Sache auch nur ein Mensch wie du und ich.

Drehbuchautorin Katrin Bühlig ist Spezialistin für emotionale TV-Thriller. Ihre Figuren drehen gern noch eine Extra-Runde, wenn es um das Ausloten verschütteter Gefühle geht. Für die exzentrische ZDF-Kommissarin Bella Block, gespielt von Hannelore Hoger, hat sie auch etliche Folgen geschrieben. Die steht in der letzten Folge von allen verlassen auf einem Steg und schaut melancholisch in die Ferne. Und zu ihr hätte auch prima der Satz gepasst, den die Autorin ihrem Kriminalrat Lemp, gespielt von Felix Vörtler, in den Mund legt: »Am Ende wollen wir doch alle nur geliebt werden!«

Mit dieser Erkenntnis kommt der Kommissar zwar nicht dem Täter auf die Spur, wir jedoch haben ein Motiv, warum manche Menschen alles, aber auch wirklich alles tun, um den Ruhestand hinauszuzögern. Menschen, für die ihr Job mehr als Broterwerb war. Sie haben Angst, mit der Arbeit auch ihren Lebenssinn zu verlieren. Denn das, was einen ausgemacht hat, ist weg. Für immer.

Katrin Bühlig erzählte mir von einem früher sehr einflussreichen TV-Boss, der nach seiner Pensionierung noch immer alle Events der Branche besucht. Er leide unter dem Verlust seiner Wichtigkeit, und es sei traurig zu beobachten, wie er sich verzweifelt dagegenstemme, dass er vergessen wird. Es scheint so, als falle Männern der Übergang in den Ruhestand noch schwerer als Frauen.

Von Ernest Hemingway stammt das Zitat: »Der schlimmste Tod für einen Menschen ist der Verlust dessen, was den Mittelpunkt seines Lebens bildet und ihn zu dem macht, was er wirklich ist. Ruhestand ist das abstoßendste Wort der Sprache, ob man sich freiwillig dazu entschließt, oder ob er einem aufgezwungen wird. In den Ruhestand zu treten und seine Beschäftigungen aufzugeben – die uns zu dem machen, was wir sind –, ist gleichbedeutend mit dem Abstieg ins Grab.«

Das sind nun wirklich keine aufbauenden Gedanken. Und mit 61 Jahren hat sich Hemingway – vielleicht als Konsequenz daraus – das Leben genommen. Depressionen sollen ihn geplagt haben, vor allem aber die Angst, nicht mehr schreiben zu können. Nicht mehr der zu sein, den die Welt so bewundert und verehrt hat.

Geht es auch weniger dramatisch? Nun, wohl nicht bei ausgewiesenen Workaholics, die die Welt nur mit dem Tunnelblick sehen. Die sich selbst nur wahrnehmen können, wenn sie von anderen wahrgenommen werden.

Was es mit einem Menschen macht, wenn er sich nicht aus dem Magnetfeld früherer Erfolge lösen kann, zeigt ein Blick in die Biografie »Schuldig« von Thomas Middelhoff. Einst Topmanager, Chef bei Superkonzernen wie Bertelsmann und Arcandor, vom Typ her »Master of Universe«, also unbesiegbar. Seine Karriere startete raketenhaft und brachte ihm den Spitznamen »Big T« ein. Die Erfolge, so gesteht er in seiner Biografie, hätten bei ihm einen »euphorischen Ausnahmezustand« ausgelöst, verbunden mit dem Gefühl: »Darauf habe ich Anrecht!« Immer und überall den besten Tisch zu bekommen. Bei Veranstaltungen grundsätzlich in der ersten Reihe zu sitzen. Mit dem Hubschrauber ins Büro geflogen zu werden, wenn auf der Autobahn ein Stau drohte. Das gipfelte in einer Szene, die er so schildert: »Nach einer Diskussionsveranstaltung, die Angela Merkel auf dem World Economic Forum in Davos führte, verließ ich als Erster den Konferenzraum. Die Kanzlerin ging unmittelbar hinter mir. Wir waren auf dem Weg zum traditionellen Empfang des Verlegers Hubert Burda und seines Focus-Teams. Kurz bevor wir ankamen, zupfte die Kanzlerin von hinten an meinem Jackett und fragte: Halten Sie es eigentlich für richtig, vor dem deutschen Kanzler zu gehen? Ich drehte mich um, lächelte die Kanzlerin freundlich an – und setzte ungerührt meinen Weg an der Spitze der Delegation fort.«

Wie man weiß, ging die Geschichte für Thomas Middelhoff nicht gut aus. Hochmut kommt vor dem Fall. Wegen Untreue und Steuerhinterziehung wurde er zu drei Jahren Gefängnis verurteilt und noch im Gericht festgenommen.

Aber so, wie es zum Beispiel den ehemaligen TV-Boss immer wieder zu den Stätten früherer Erfolge zieht, braucht auch ein gefallener Supermanager weiterhin die Anerkennung der Öffentlichkeit.

Geradezu unglaublich, wie sich Thomas Middelhoff ganz kleinmacht, um ganz groß rauszukommen.

Nie hat sich ein Ex-Manager demütiger zu Eitelkeit und Größenwahn bekannt als er. Gesündigt habe er, vor Gott und der Welt. Er bereut seine Maßlosigkeit, gesteht Gier, Narzissmus und eine Ex-Geliebte. In der Rolle des geläuterten Mannes zieht er durch Talkshows, hält Vorträge und sagt vor allem eines: »Die grundsätzliche Disposition, ein gutes Bild abgeben zu wollen, werde ich nicht ablegen können, sie ist auch ein Stück Antrieb.« Vereinfacht ausgedrückt: Auch hier ist ein Mann, der nach seiner Karriere, egal wie sie endete, geliebt werden will.

Aufhören, wenn es am schönsten ist? Wer will das schon. Franz Müntefering fühlte sich wahrscheinlich mit 70 Jahren auf dem Höhepunkt seines Lebens: SPD-Vorsitzender, bewundert, verehrt, frisch mit einer 40 Jahre jüngeren Frau verheiratet. Und dann musste er mehr oder weniger freiwillig den Posten an Sigmar Gabriel abgeben. Nach 56 Jahren in der Politik war Schluss.

Viele Machtmenschen erleben das Ende ihrer Berufstätigkeit wie eine persönliche Niederlage. Eben noch auf dem Spielfeld – und plötzlich nur noch Zuschauer auf der Tribüne. Die Statussymbole, alles was Macht und Einfluss signalisierte, sind nach der Abwahl von einem Tag auf den anderen futsch. Der Platz in der Regierungsbank, die Leibwächter, das große Büro, der volle Terminkalender. »Ene, mene muh, raus bist du« heißt der Auszählreim aus Kindertagen. Ab aufs Altenteil. Wie wird man mit so einer plötzlichen Lebensumstellung fertig?

Er habe erst wieder Autofahren lernen müssen, gestand Franz Müntefering belustigt in einem ZEIT-Interview. Er habe ja 18 Jahre lang einen Chauffeur gehabt. Als er das erste Mal wieder einen Wagen startete, habe er verblüfft den Schaltknüppel betrachtet und zu seiner Frau Michelle gesagt: »Sechs Gänge? Zu meiner Zeit kam man noch mit vier aus.«

Es ist erstaunlich, wie sich ein Mensch im Alter unter neuen Lebensbedingungen noch verändern kann. Meine Großmutter, die mit 78 Jahren wegen Eigenbedarf aus ihrer Wiener Wohnung gekündigt wurde, in der sie 59 Jahre gelebt hatte, freute sich aufrichtig über den Umzug. »Ich wollte mich schon immer neu einrichten«, meinte sie, »in der alten Wohnung hätte ich mich dazu nicht aufraffen können.«

Bei Franz Müntefering, der als einsamer Leitwolf galt, hätte es niemanden gewundert, wenn er sich mürrisch und wortkarg zurückgezogen hätte. Seine Zeit und auch sein politischer Stil als »Zuchtmeister der Partei« waren vorbei. Von Hobbys und nahen Freunden war nichts bekannt. Als »Alleiner« hat er sich beschrieben, einer, der lieber in sich als in andere schaut. Kann sich ein Mensch wie dieser noch groß verändern? Natürlich – wenn er bereit ist, eingefahrene Denkmuster zu hinterfragen.

Franz Müntefering vollzog eine erstaunliche Metamorphose. Mit der Position des SPD-Vorsitzenden streifte er auch sein bisheriges Leben ab wie eine alte Haut. Er zog mit seiner Frau ins Berliner Szene-Viertel Kreuzberg, er genießt es, mehr Zeit zu haben, ausgiebig lesen und ins Kino gehen zu können. Und da ist der Freundeskreis seiner Frau, alle zwei Generationen jünger als er. Das sind andere Gespräche, andere Probleme, die er früher nicht kannte. Denn das Leben eines Spitzenpolitikers findet häufig in einer Isolationsblase statt, abgeschottet von der Realität. Franz Müntefering ist jetzt angekommen im richtigen Leben. In einem Alter, in dem viele wehmütig zurückschauen, blickt er voller Spannung auf das, was noch kommen mag: »Ich will zeigen, dass man mit dem Bedeutungsverlust umgehen kann, dass man es auch hinbekommt, sich ganz normal wieder einzureihen.«

Günther Oettinger, ehemaliger EU-Kommissar, der sich mit 65 Jahren aus Brüssel verabschiedete, weiß, dass der Bedeutungsverlust gerade in der Politik eine der schwierigsten Herausforderungen ist: »Ich habe so viele Kollegen erlebt, die den Ausgang nicht gefunden haben. Aufstieg in der Politik ist nicht einfach, noch schwieriger ist aber der Ausstieg. Deswegen lieber drei Jahre zu früh als einen Tag zu spät.«

Der Verzicht auf Macht und Prominenz fällt übrigens nicht nur Männern schwer. Heide Simonis, zwölf Jahre Ministerpräsidentin von Schleswig-Holstein, wollte nie am Ende ihrer Karriere »vom Stuhl gekratzt und herausgetragen werden«. Als sie bei Neuwahlen nach vier Wahlgängen eine bittere Niederlage erlitt und unsanft aus dem Amt gejagt wurde, fiel es ihr mit 61 Jahren trotzdem schwer, sich ins Privatleben zurückzuziehen. Gerade ihr, die nicht nur die erste, sondern lange Zeit auch die einzige Ministerpräsidentin Deutschlands war. Das Vorbild einer emanzipierten Frau. Und dann plötzlich nicht mehr mitmischen zu können. Nicht mehr gehört zu werden. Nein, Heide Simonis wollte zu diesem Zeitpunkt noch nicht von der Bühne verschwinden. Ein Jahr nach ihrer Abwahl stand sie wieder im Scheinwerferlicht. Sie war Kandidatin bei der TV-Show »Let's dance!« – als Botschafterin der UNESCO, wie sie betonte. Da hätte sie vielleicht andere Wege finden können. Aber sie bekam, was sie wollte: viel Aufmerksamkeit. Die Kritiken in den Medien waren verheerend, aber wie heißt es doch im Showbusiness: Hauptsache, mein Name wird richtig geschrieben.

Auch wenn es altersbedingt um Heide Simonis ruhiger geworden ist, kann man bei ihr nicht von einem Rückzug ins Privatleben sprechen. Auch nicht von Ruhestand, eher von Unruhestand. Sie schreibt Politbücher, Thriller, näht wie die amerikanischen Siedlungsfrauen Quilts, das sind bunte Decken aus Stoffresten, die sie – klar – auf Ausstellungen präsentiert.

Was lernen wir daraus? Der Ruhestand kann zum größten Abenteuer werden. Die einen fangen von vorn an, andere hören nie auf. Denken Sie nur an den legendären Johannes Heesters, der mit 107 Jahren auf die Bühne der Münchner Komödie geführt wurde. Blind, schwerhörig, klapprig. Er trug wie immer Smoking, lehnte sich ans Klavier, sonst wäre er wohl umgekippt, und begann zu singen. Er wollte gar nicht mehr aufhören und musste mit sanfter Gewalt von der Bühne geführt werden.

Hermann Hesse sagte über das Alter den schönsten Satz: »Mit der Reife wird man immer jünger.«

KAPITEL 3

Mein Nachfolger

Das Thema ist mir etwas peinlich. Es geht um meinen Nachfolger. Bis zu dem Tag, an dem er es wurde, war alles in Ordnung zwischen uns beiden. Wir arbeiteten im selben Verlag, waren auf Augenhöhe, kamen uns nie in die Quere. Er war mir sympathisch. Natürlich hätte ich mir denken können, dass er, der Jüngere, als Nachfolger in Betracht kam. Aber wer beschäftigt sich schon gern mit seinem Nachfolger? Ich jedenfalls nicht, auch wenn mir theoretisch klar war, dass ich in absehbarer Zeit aus Altersgründen würde aufhören müssen. Aus Altersgründen! Das ist das Los der Festangestellten. Man wird irgendwann zwischen 60 und 70 in den Ruhestand hineinkomplimentiert, auch wenn man sich noch immer zu Höherem berufen fühlt. Und noch lange nicht ans Aufhören denken möchte. Ich blendete solche Gedanken aus, so wie ich morgens nicht auf die Waage stieg, wenn ich am Abend zuvor Spaghetti alla carbonara gegessen hatte. Sie wissen schon: Was ich nicht weiß, macht mich nicht heiß.

Und dann fiel sein Name. Aus war es mit meinen freundschaftlichen Gefühlen. Als ob jemand einen Schalter in meinem Kopf umgelegt hätte. Er! Warum ausgerechnet er?

Jeder andere hätte es sein können, und ich wäre genauso empört gewesen. Jetzt aber konzentrierten sich alle meine negativen Gefühle auf ihn, der mir mein Baby wegnehmen wollte: meinen Job. Meine Kontakte. Meinen Schreibtisch. Meinen Platz in der Tiefgarage. Alles, was ich mir in mehr als 20 Jahren an Erfolg und Privilegien erarbeitet hatte.

Wenn die Eagles in »New Kid in Town« über den neuen Typ singen, der jetzt in der Stadt aufgetaucht ist und den alle so supertoll finden, während man selbst im Abseits steht, dann beschreibt das ziemlich gut meine Gefühle. Die Flüchtigkeit von Ruhm und Loyalität. »They will never forget you 'til somebody new comes along«. Sie werden dich nie vergessen – bis jemand Neues kommt.

Über solche Geschichten hatte ich selbst oft geschrieben. Vom Aufstieg und Fall der Großen, die irgendwann wieder ganz klein wurden. Und dann erlebt man es selbst! Gerade war ich noch der Hero. Und dann stehe ich draußen vor der Tür, während sich ein Neuer in meinem alten Leben breitmacht. Jeder ist bekanntlich ersetzbar. Aber es am eigenen Leib zu spüren, tut dann doch ein bisschen weh.

An meinem letzten Tag leitete ich die Morgenkonferenz, als würde es immer so weitergehen. Und 24 Stunden später saß er auf meinem Stuhl. Nein, das wird hier kein Gejammer auf hohem Niveau. Aber es fällt einfach schwer, Gewohntes und Vertrautes loszulassen. Vor allem, wenn man mit so viel Herzblut an seinen Job gehangen hat wie ich.

Die Contenance verlangt es, dass man mit Haltung und Würde an den Nachfolger übergibt. Wir sind ja schließlich zivilisierte Menschen. Aber meine innere Empörung führte zu einer Art Gärungsprozess, der in mir wie Blubberbläschen höchst unangenehme Gefühle aufsteigen ließ. Er würde jetzt alles ernten, was ich mühevoll aufgebaut hatte. Er genoss nun alle Vorzüge, die mit dieser Position verbunden waren. Er, er, er …

Nur gut, dass er nicht ahnte, was für einen Shitstorm er in mir ausgelöst hatte. Ich beobachtete ihn wie unter einem Vergrößerungsglas, als wäre er ein Außerirdischer aus einer fernen Galaxie, der gekommen war, um meine vertraute Welt zu zerstören. Zu gern hätte ich Beweise für seine Unfähigkeit gefunden, um sie wie Rabattmarken in mein Wutbüchlein einzukleben.

Sie finden, dass ich hier etwas übertreibe? Jeder Nachfolger ist per se eine Bedrohung für den Vorgänger beziehungsweise die Vorgängerin. Er kann es einem sowieso nie recht machen. Führt er den Laden im gleichen Stil weiter, ist man empört: Der macht es sich einfach, ruht sich auf meinen Lorbeeren aus! Macht er alles anders, ist man auch empört: Will er mir jetzt beweisen, wie es besser geht? Ändert er alles, und hat Erfolg damit, schmälert das die eigene

Lebensleistung. Scheitert er jedoch, triumphiert man innerlich: Also geht es doch nicht ohne mich. Die Geschäfte müssen ja nicht gleich den Bach runtergehen, aber es würde das gekränkte Ego etwas beruhigen, wenn sich herausstellt, dass man fast unersetzlich ist.

Dabei war ich selbst auch einmal Nachfolgerin. Mein Vorgänger ein legendärer Schreiber und Autor, dessen Texte ich als junge Journalistin mit Begeisterung verschlungen hatte. Man kann sich also meinen Stolz vorstellen, als ich seinen Posten übernahm. Wahrscheinlich fiel ihm sein Abschied damals genauso schwer wie mir Jahre später mein eigener. Wann immer ich ihm begegnete, sah er durch mich hindurch. Als gäbe es mich nicht in seiner Welt. Das war zugegebenermaßen schwer zu ertragen. Erst Jahre später, als wir uns zufällig in Berlin in der Paris Bar trafen, sprach er mich an: »Den Lesern gefällt das Blatt, wie Sie es mit Ihrem Team machen.« Ein Kompliment mit Botschaft: Ich habe es anders gemacht, aber du machst es auch okay.« Für mich war es wie ein Ritterschlag. Und der Königsweg zu der Erkenntnis: Man sollte sich eingestehen, dass andere es genauso gut machen können wie man selbst. Auch wenn sie es ganz anders machen.

Wenigstens bin ich nicht allein auf der Welt, wenn es um das komplizierte Verhältnis zum Nachfolger geht. Von Angela Merkel weiß man, dass sie in ihrer Kanzlerschaft viele potenzielle Nachfolger weggebissen hat. Aber warum sollte sie sich auch mit einer

Männerriege umgeben, die alles darangesetzt hätte, um ihre Unfähigkeit zu beweisen? Und um sie aus ihrem Amt zu drängen! Dabei war sie selbst einmal eine höchst unerwünschte Nachfolgerin. Im Zuge der CDU-Spendenaffäre 1999 distanzierte sie sich mit einem öffentlichen Brief von ihrem politischen Ziehvater Helmut Kohl. Das läutet das Ende seiner Ära ein und brachte sie an die Spitze. Helmut Kohl nahm dies »seinem Mädchen« ein Leben lang übel.

Wir Altvorderen wissen: Nachfolger sind nicht unbedingt Unschuldsengel. Sie trachten nicht nach deinem Leben, aber nach deiner Macht und deinem Schreibtisch. Von einem Politiker habe ich einen bösen Spruch gehört: »Kracht das Flugzeug auf die Piste, freut sich die Nachrückerliste.«

Wer beerbt jetzt Angela Merkel im Kanzleramt? Wer wird nach Dieter Bohlen künftig bei RTL den Superstar suchen? Und wer nach Joachim Löw die Fußball-Nationalmannschaft trainieren? Wenn Sie das hier lesen, stehen die Nachfolger mit großer Sicherheit schon fest. Aber die Neuen an der Spitze werden misstrauisch überlegen, von wem sie selbst einmal aus dem Amt gedrängt werden könnten.

Es finden ja nicht nur in der Politik Machtkämpfe zwischen den jungen Wilden und den alten Platzhirschen statt. Jeder Fußballtrainer weiß, dass nach einer Serie von Niederlagen der Nachfolger schon bereitsteht. Und in vielen deutschen Familienunternehmen geht es schlimmer zu als in TV-Serien wie »House of Cards« oder »Bad Banks«. Die Wirtschaftspresse ist voll von Geschichten über Firmenpatriarchen, die nicht loslassen können und wollen. Bei dem Münchner Unternehmen Knorr-Bremse zum Beispiel überwarf sich der Seniorchef Heinz Hermann Thiele mit seinem Sohn Henrik, der eigentlich sein Nachfolger werden sollte. Schließlich drängte er ihn aus der Firma. Es ging um Differenzen darüber, wie das Unternehmen weitergeführt werden sollte. Der Macht- und Führungsanspruch des inzwischen verstorbenen Patriarchen war legendär: »Solange ich aktiv bin, bleibt die Stimmenmehrheit bei mir«, verkündete der damals 76-Jährige.

Es gibt für jede Grundstimmung genügend Psycho-Ratgeber. Ob man nun sein »inneres Kind« erkunden, mit Verlustängsten besser umgehen oder mehr Selbstbewusstsein entwickeln möchte. Aber ich habe nichts zu der Frage gefunden, wie man mit seinem Nachfolger umgeht beziehungsweise ihn zu schätzen lernt. Dafür bräuchte nicht nur ich psychologische Nachhilfe.

Es geht ja um ein tief in uns verankertes Notprogramm, das uns vor Stress und Ängsten schützen soll. Wir klammern uns an einen Job, an eine Position, weil wir nicht die Kontrolle über unser Leben verlieren wollen. Kontrolle bedeutet Macht, bedeutet, die Dinge nach eigenen Vorstellungen gestalten zu können. Wenn wir das alles aufgeben oder an einen Nachfolger übergeben müssen, verlieren wir unsere Sicherheit und alles, von dem wir glauben, dass es uns ausgemacht hat.

Aber nicht der Nachfolger ist das Problem, sondern wir selbst!

Zur Seite zu treten, nur noch stiller Beobachter zu sein, wenn ein anderer deine Aufgaben übernimmt, verlangt Bescheidenheit und ein gewisses Maß an Selbstverleugnung. Es ist wie in der Liebe, wenn man verlassen wird. Wer freut sich schon für den Menschen, der einem das Herz gebrochen hat? Ich erinnere mich, dass ich vor vielen Jahren eine Freundin begleitet habe, die von ihrem Freund wegen einer anderen Frau verlassen wurde. Irgendwann saßen wir beide in ihrem Auto vor dem Haus der Nachfolgerin und starrten zu deren Fenster hoch. »Was hast du davon?«, fragte ich. Sie antwortete: »Nichts, aber sie soll wissen, dass es mich noch gibt.«

Solange man seine Nachfolgerin oder seinen Nachfolger mit Argusaugen verfolgt, ist man genauso an ihn gekettet wie an eine unglückliche Liebe.

Heute, Jahre später, ist meine Freundin übrigens mit ihrer damaligen Nebenbuhlerin befreundet. Sie sind sich ähnlicher, als sie damals wussten. »Kein Wunder«, sagt meine Freundin, »wir waren in denselben Mann verliebt. Das hat uns wieder zusammengeführt.«

Gilt das nicht auch für den Nachfolger, wenn er oder sie für dieselbe Sache brennt wie man selbst? Wir müssten glücklich und erleichtert sein, wenn das, was uns so sehr am Herzen liegt, erfolgreich weitergeführt wird. Es geht ja nicht nur um uns, sondern um andere Menschen, denen wir den Erfolg gönnen sollten. Erst dann sind wir übrigens frei für einen neuen Lebensabschnitt. In diesem Sinne: Ich habe gelernt meinen Nachfolger aufrichtig zu schätzen. Er macht es anders, ja, und er hat Erfolg. Und das ist gut so.

KAPITEL 4

Der erste Tag im Ruhestand

Mit dem Ende meiner Berufstätigkeit ging es mir wie mit Weihnachten. Da bin ich auch jedes Mal überrascht, dass es schon wieder so weit ist. Wie bitte? Morgen ist Heiligabend? Damit konnte man aber wirklich nicht rechnen. Mein letzter Arbeitstag hat mich genauso überrumpelt. Als hätte ein Zeitraffer die letzten 47 Jahre auf ein Minimum zusammenschrumpfen lassen. Ich war doch gerade erst so richtig in Fahrt gekommen. Fühlte mich höchstens wie 27 Jahre alt und auf dem Höhepunkt meiner beruflichen Fähigkeiten. Ein Leben außerhalb der Redaktion schien möglich, aber sinnlos. Von Schauspielerinnen und Schauspielern hört man immer, dass sie sich den idealen Tod so vorstellen: mitten in der Aufführung zusammenbrechen und sterben. Ich hätte mir auch vorstellen können, im hohen Alter, noch immer in der Redaktion, über der neusten Ausgabe der BUNTEN meinen letzten Atemzug zu machen.

Aber dann war das Ende meiner Berufstätigkeit da. Na ja, so unverhofft kam der Wechsel in den Ruhestand natürlich nicht. Spätestens ab dem 60. Geburtstag wird man immer öfter gefragt: »Und, was wirst du hinterher machen?« Für mich klang das immer wie die Frage: »Glaubst du an ein Leben nach dem Tod?«

Es soll ja Menschen geben, die dem Ruhestand buchstäblich entgegenfiebern. Die sich ausrechnen, dass man mit 60 noch über 20 gute Jahre vor sich haben kann. Und die eine genaue Vorstellung haben, womit sie sich zukünftig beschäftigen wollen. Mit Hobbys wie Reisen, Golfspielen, Wandern, Basteln, Malen oder indem sie sich der Familie widmen. Beneidenswert, diese Ruheständler, die in einem Leben ohne Arbeit, ohne klar definierte Strukturen, ohne den gewohnten Status, ein hohes Maß an Freiheit sehen. Für Menschen wie mich dagegen, die mit großer Begeisterung gearbeitet haben und sich wunderten, dass sie dafür noch jeden Monat bezahlt werden, ist das Erreichen der Altersgrenze zunächst einmal eher ein Horrorszenarium.

Ich kam mir in den Tagen des Abschieds von meinem Job wie ein Rennpferd vor, das vor einer Hürde scheut, weil es nicht weiß, was es dahinter erwartet. Natürlich würde sich mein Leben verändern. Ich würde sehr viel Gewohntes und Vertrautes loslassen müssen. Nach Jahren in einem Team würde ich plötzlich allein agieren. Und dann noch dieses seltsame Gefühl, plötzlich Rentnerin zu sein. Das hörte sich schrecklich an, nach Älterwerden, nach Dauerwelle, nach beigen Anoraks und Gesundheitsschuhen.

An den ersten Tag meines Ruhestands erinnere ich mich noch genau: Es war Sommer, die Sonne schien, Hoch Katharina sollte noch Tage andauern. Wie oft hatte ich an solchen Sommertagen im Büro gesessen und mir vorgestellt, wie schön es wäre, jetzt an den See zu fahren! Warum hatte ich heute dazu keine Lust? Wie still es im Haus war! Wie laut die Vögel zwitscherten. Ich nahm jedes Geräusch überdeutlich wahr. Ein Auto fuhr vorbei, jemand knallte eine Tür zu, irgendwo spielten Kinder. Wie hypnotisiert starrte ich aufs Telefon. Ich war an ständiges Läuten gewöhnt, aber niemand rief an. Und auf einmal kam ich mir wie ausgesetzt vor. Oder wie ein in die Ecke geworfener alter Teddybär, mit dem ein Kind nicht mehr spielen will.

»Jetzt kannst du endlich machen, was du schon immer machen wolltest!« Den Satz hatte ich an meinem letzten Tag in der Redaktion oft gehört. Dabei hatte ich immer gemacht, was ich machen wollte. Nämlich Journalistin sein! Ich kann mich an keinen Tag meines Berufslebens erinnern, an dem ich mich gelangweilt oder nach einer anderen Beschäftigung gesehnt hätte. Da fällt es einem natürlich schwer, sich neu zu orientieren.

Wir werden für so vieles im Leben gecoacht: wie man sich auf den ersten Schultag, ein heiß ersehntes Date oder ein Bewerbungsgespräch vorbereitet.

Wie man sich von den Eltern abnabelt, sich im Job durchsetzt, mit dem Partner richtig streitet, aus einem Vertrag aussteigt. Aber wie man befriedigend und erfolgreich aus einem aktiven Berufsleben in den Ruhestand wechselt, das kann dir niemand sagen.

Ich habe die Erfahrung gemacht, dass die wenigsten Menschen gern darüber sprechen. Wer noch in Job und Verantwortung steht, schiebt das Thema weit von sich. Es erinnert an etwas, was man nicht mit sich selbst verbindet. Mit dem Ende. Dem Älterwerden. Außerdem ist die Zeitspanne zwischen Beruf und Übergang in die Pension oder Rente für jeden anders und individuell lang. Manche spüren, dass die Kraft der früheren Jahre etwas nachgelassen hat, andere befinden sich in Aufbruchsstimmung, weil sie sich auf der Höhe ihres Schaffens und ihrer psychischen Stabilität wähnen. Für die einen ist das Glas bereits halb leer, für die anderen noch immer halb voll. Die einen freuen sich auf die Freiheit, andere befürchten, dass diese Freiheit im Ruhestand in Wirklichkeit ein Gefängnis sein könnte. Weil man sich jetzt selbst beschäftigen muss.

Diese ersten Wochen, nachdem ich aus meinem Job verabschiedet worden war ... wie gern würde ich von innerer Gelassenheit berichten, vom guten Gefühl, dass der Übergang perfekt verlaufen war. Vom Blick zurück ohne Zorn. Nur leider war es nicht so. Zumindest nicht in den ersten Monaten. Ich fühlte ein Vakuum in mir, einen luftleeren Raum. Ich hatte buchstäblich den Boden unter den Füßen verloren. Äußerlich ging es mir dabei gut. Ich hatte Zeit zu lesen. Zeit, mich mit Freundinnen zu treffen. Zeit, meinen Keller (ja, wirklich!) aufzuräumen. Aber innerlich war ich schwer beleidigt.

Hatte man mich wirklich gehen lassen? Nicht, dass ich mich für unersetzlich gehalten hätte. Aber ein bisschen schon. Der Übergang ins Privatleben fühlt sich so an, als wäre man bei seiner eigenen Beerdigung und stellt erstaunt fest, dass trotz des Verlustes das Leben weitergeht. »Wir werden dich vermissen«, sagen die Menschen, mit denen man jahrelang gearbeitet hat, und: »Ohne dich wird es schwer sein.« Aber in Wahrheit hinterlässt niemand eine Lücke. Und das muss verkraftet werden.

Was ich anfangs am meisten vermisst habe: Das tägliche Zusammensein mit vertrauten Menschen, die Gespräche und Diskussionen, die weit über das Berufliche hinausgingen, das angenehme Gefühl, Teil eines großen Ganzen zu sein, die Routine, die lästig sein kann, aber manches auch erleichtert. Das alles hört mit dem Tag auf, an dem man in Rente geht. Huch, wie abscheulich dieses Wort klingt! »Rente« ist so negativ besetzt, hört sich nach Seniorinnen und Senioren an, die wie die beiden alten Herren Waldorf und Statler von der Muppet-Show vom Balkon herab das Geschehen kommentieren. Natürlich hört niemand richtig zu.

Der Wechsel in den Ruhestand bedeutet den tiefsten Einschnitt im Leben. Weil uns nichts deutlicher macht, dass wir älter werden. Wir sitzen nicht mehr auf der Reservebank, sondern nur noch auf der Zuschauertribüne.

Als Journalistin war ich es gewohnt, aktuelle Ereignisse zu recherchieren, zu analysieren, zu beschreiben. Nicht mehr in der öffentlichen Meinung stattzufinden, fühlte sich an, als hätte ich meine Stimme verloren. Ich konnte nur noch auf der Hundewiese mit anderen Gassigehern meine Standpunkte diskutieren. Es dauerte, bis ich eines Morgens mit einem unbeschreiblichen Gefühl der Freiheit aufwachte. Sosehr ich meinen Beruf geliebt hatte, aber es hatte viel Kraft gekostet, immer am Ball zu bleiben. Die eigene Meinung zu vertreten. Sich durchzusetzen, ohne Kollegen vor den Kopf zu stoßen. Kompromisse auszuhandeln, auch wenn ich vom Gegenteil überzeugt war. In der Rückschau sieht man vieles positiver, als es war. Aber wie oft hatte ich mich gehetzt und unter Stress gefühlt. Dieser Druck war auf einmal verschwunden – wie eine Wolke, die die Sonne verdunkelt hatte. Das große Geheimnis im Herbst unseres Lebens: Wir tun nicht mehr, was sich rentiert, sondern nur noch, was sich lohnt. Für uns selbst.

KAPITEL 5

Der Besuch der alten Dame

»Wir bleiben in Kontakt!« Ich habe das oft ernst gemeint, wenn sich Kollegen in den Ruhestand verabschiedeten. Es schwang immer eine kleine Traurigkeit mit. Wenn man jahrelang mit Kolleginnen und Kollegen zusammenarbeitet, Freude und Frust teilt, entsteht geradezu zwangsläufig eine besondere Vertrautheit. Man kennt sich in- und auswendig, hat wahrscheinlich mehr Zeit miteinander verbracht als mit der eigenen Familie. Da fällt der Abschied schwer, es fühlt sich wie eine Amputation ohne Narkose an. Warum aber entstand dann oft eine so gequälte Stimmung, wenn ein ehemaliger Kollege tatsächlich in Kontakt bleiben wollte und spontan in meinem Büro auftauchte?

Der Mensch, den ich so gut zu kennen glaubte, war auf einmal ein Fremder geworden. Die gemeinsamen Erlebnisse wie ausgelöscht. Worüber sollten wir reden?

Solche Besuche zogen sich wie Kaugummi hin. Bis ich endlich etwas Ähnliches murmelte wie: »Sorry, ich muss weitermachen. Du kennst ja den Laden hier. Lass uns mal auf einen Kaffee treffen, wenn ich mehr Zeit habe.« Diese Erleichterung, wenn der Ex-Kollege endlich wieder zur Tür hinaus war! Und das schlechte Gewissen, weil ich ihn so abgefertigt hatte. Es ist beschämend, aber selten habe ich mich bei Kollegen gemeldet, die sich aus dem Berufsleben zurückgezogen hatten.

Vielleicht ist das ein natürlicher Abwehrmechanismus, der uns hilft, echte von trügerischer Nähe zu unterscheiden?

In der Arbeitswelt kann man sich seine Freunde nicht aussuchen. Man wird zusammengewürfelt, arrangiert sich mit Menschen, deren Nähe man privat nie gesucht hätte. Aber die tägliche Routine, die gemeinsamen Ziele, das schweißt auch unterschiedliche Personen zu Teams zusammen. Fehlen jedoch die gemeinsamen Erlebnisse, kippt einer aus dem System hinaus, wird schnell klar, ob so eine professionell gestartete Beziehung zur dauerhaften Freundschaft werden kann. Sehr oft leider nicht.

Und seit ich selbst eine ehemalige Kollegin bin, kenne ich nun auch das Gefühl von der anderen Seite. Wie der Besuch am alten Arbeitsplatz zur schmerzhaften Erkenntnis führen kann, wie ersetzbar man ist. Als würde man bei seiner eigenen Beerdigung zuschauen: Du hörst ein paar warme Worte über dich, doch dann geht das Leben ohne dich seinen gewohnten Gang weiter. Die Firma ist nicht pleitegegangen, nur weil du nicht mehr dabei bist. Und du hast keine Lücke hinterlassen, wie man dir noch beim Abschied versichert hat. Die Kollegen vermissen dich nicht. Aus den Augen, aus dem Sinn!

Will man das wirklich wissen?

Was nicht heißt, dass Sie als Rentnerin oder Pensionärin für immer und ewig früheren Kolleginnen und Kollegen aus dem Weg gehen müssen. Es handelt sich ja um Menschen, die ein wichtiger Teil Ihres Lebens waren, selbst wenn Sie sich manchmal oder ehrlicherweise oft über sie geärgert haben.

In den ersten Wochen und Monaten nach meinem Ausscheiden aus der Redaktion habe ich die täglichen Gespräche und Diskussionen mit meinen Kollegen am meisten vermisst. Die beruflichen Erfolgserlebnisse, sogar die Probleme, an denen man sich abarbeiten musste. Zufällige Begegnungen mit früheren Mitarbeiterinnen und Mitarbeitern waren mir jedoch unangenehm, vor allem, wenn sie mir erzählten, was sie gerade Wichtiges zu tun hatten. Ich kam mir wie eine Schulschwänzerin vor. Wie eine Versagerin, weil ich nichts Aufregendes vorzuweisen hatte. Ich musste an die sehnsüchtigen Blicke denken, mit denen früher Ex-Kollegen bei Besuchen meinen Arbeitsplatz gemustert hatten. Man sah ihnen an, wie gern sie wieder zurück an den Schreibtisch gewollt hätten. Das will und werde ich mir selbst nie antun.

Wenn schon Treffen mit Ex-Kollegen, dann nicht am Arbeitsplatz, sondern an einem neutralen Ort, ein Café oder eine Bar. Das ist wie bei einer Trennung, wenn die Liebe vorbei ist. Da sollte man auch Plätze vermeiden, die mit Erinnerungen gepflastert sind.

Und: Man sollte sich erst treffen, wenn man sich in seinem neuen Leben im Ruhestand gut eingerichtet hat. Es ist für das eigene Karma schlecht, sich mit den Kolleginnen von früher zu verabreden, um negative Büro-Erlebnisse durchzukauen. Nachträglich auf die Firma zu schimpfen, über das Arbeitsklima herzuziehen – das vergiftet das neue Leben.

Einen Ex-Kollegen von mir beschäftigt noch fünf Jahre nach seinem Ausscheiden die Frage, warum er bei einer Gehaltserhöhung übergangen worden ist. Wie mit Handschellen gefesselt hängt er an dieser alten Ungerechtigkeit. Dabei ist es wie in der Liebe: Erst wenn du das Kapitel einer zu Ende gegangenen Beziehung abgeschlossen hast, bist du bereit für eine neue.

KAPITEL 6

Schatten der Vergangenheit

Facebook sei Dank. Ohne dieses soziale Netzwerk hätte ich nie erfahren, was Sandra wirklich über mich denkt. Vor Urzeiten haben wir in derselben Redaktion gearbeitet. Mindestens 40 Jahre habe ich nichts von ihr gehört und gesehen. Und dann schreibt sie mir plötzlich in einer Mail, sie habe mich auf Facebook entdeckt. Wie es mir so ergangen sei? Ich fand das nett, antwortete, und postwendend kam eine Nachricht zurück. Ob ich eigentlich wisse, wie sehr ich sie damals verletzt hätte? Ich? Keine Ahnung. Sie schrieb, ich hätte sie ignoriert und als einzige Kollegin nicht zu meiner Geburtstagsparty eingeladen. Dadurch habe sie sich ausgeschlossen gefühlt und wegen der mangelnden Wertschätzung sogar therapeutische Hilfe in Anspruch nehmen müssen. Das habe sie ein Leben lang beschäftigt, und das wolle sie nun loswerden.

Danke für diese Rückmeldung, auf die ich nicht wirklich scharf war. Ob sie mich verwechselt hatte? War ich wirklich diese ignorante, gedankenlose

Person? Falls ja, tut es mir nachträglich leid. Aber Sandra – die ich übrigens auf der Straße nicht erkannt hätte, weil sie mir gänzlich entfallen war, und das erklärt vielleicht auch mein Verhalten – gehört zu den Menschen aus meiner Vergangenheit, mit denen ich meine Zukunft nicht teilen werde. Jetzt, wo ich weiß, was sie über mich denkt!

Schade, denn wenn wir älter werden, entwickeln wir Sehnsucht nach vertrauten Gesichtern. Nach Menschen, die unsere Lebensgeschichte kennen, denen wir nichts mehr über uns erzählen oder vormachen müssen. Die wissen, wie wir wurden, was wir sind. Sie helfen uns bei unserer Suche nach uns selbst. Der Freund, die Freundin aus der Jugendzeit, sie sind wie ein Anker, an dessen Kette wir uns vorsichtig rückwärtstasten. Wie waren wir damals? Was ist mit unseren Träumen und Wünschen passiert? Wie stark haben wir uns verändert? Wir betrachten uns quasi durch die Augen unserer Kameraden von damals, und das hilft uns bei der Bewertung unserer Lebensbilanz. Es ist ein bisschen, wie nach Hause zu kommen. Zurück zu den Wurzeln. Das ist für mich auch die Erklärung, warum sich jetzt häufiger Menschen aus meiner Vergangenheit melden. Nostalgische Gefühle, Sehnsucht nach den Stürmen der Jugend, die Hoffnung etwas wieder zu beleben, was man leichtsinnig oder ahnungslos verloren hat.

Thorsten entdeckte mich auf einer Website, mit der man alte Schulfreunde findet. Sagenhafte 55 Jahre hatte ich nichts von ihm gehört. Er schrieb, ob ich wisse, wie sehr er damals in mich verknallt gewesen sei. Wirklich? Hätte ich das nur geahnt! Thorsten! Der Schwarm aller Mädchen an der Schule. Gut aussehend, sportlich, auch noch Klassenbester. Nie wäre ich auf die Idee gekommen, er könnte sich für mich interessieren. Die spannende Frage lautet: Wäre mein Leben anders verlaufen, wenn ich es gewusst hätte? Ob wir ein Paar geworden wären? Wegen solcher Gedanken geht man auch noch nach Jahrzehnten zu Klassentreffen. Was wäre gewesen, wenn ...?

Der tschechische Schriftsteller Milan Kundera schreibt in seinem Bestseller »Die unerträgliche Leichtigkeit des Seins« die schönen Sätze: »Man kann nie wissen, was man wollen soll, weil man nur ein Leben hat, das man weder mit früheren Leben vergleichen noch in späteren korrigieren kann. Es ist unmöglich zu überprüfen, welche Entscheidung die richtige ist, weil es keine Vergleiche gibt.«

Deswegen plagt man sich ja auch als reifer Mensch mit der Frage: An welcher Kreuzung hätte ich mich für wen entscheiden, wem besser aus dem Weg gehen sollen? Manchmal jedoch gibt dir das Leben die Chance, einen Fehler zu korrigieren.

Meine Freundin Tina verknallte sich als 14-Jährige in einen gleichaltrigen Jungen aus der Parallelklasse. Sie hörten zusammen Musik, gingen ins Kino, trafen sich mit Freunden, knutschten ein bisschen. Nach einem halben Jahr war Schluss. Wie das so ist, in diesem Alter, die Wege trennten sich, andere Cliquen, andere Freunde. Nach dem Abitur verloren sie sich ganz aus den Augen. 25 Jahre später sahen sie sich bei einem Klassentreffen erstmals wieder. Und es machte *peng*! Beide waren verheiratet, mit Kindern und Familie. Aber die wieder aufgeblühte Liebe war stärker. Sie ließen sich scheiden und sind jetzt seit zwölf Jahren ein überaus glückliches Paar. Mit 25 Jahren Verspätung.

Wie kann es sein, dass nach all der Zeit die gegenseitige Anziehungskraft noch funktioniert? Es muss mit dieser besonderen Magie zu tun haben, die dem ersten Verliebtsein in der Jugend anhaftet. Instinktiv tut man sich mit jemandem zusammen, mit dem man besonders harmoniert. Da spielt der Intellekt, die Vernunft keine so große Rolle wie später bei der Partnerwahl als Erwachsener.

Milan Kundera schreibt in seinem Roman: »Solange die Menschen noch jung sind und die Partitur ihres Lebens erst bei den ersten Takten angelangt ist, können sie gemeinsam komponieren und Motive austauschen. Begegnen sie sich aber, wenn sie schon älter sind, ist die Komposition mehr oder weniger vollendet, und jedes Wort, jeder Gegenstand bedeutet in der Komposition des einzelnen etwas anderes.«

Nie wieder begegnet man sich so unverstellt und so unschuldig wie bei der ersten großen Liebe. Deswegen vergessen wir sie ja auch nicht. Als meine Freundin Tina ihre Jugendliebe wieder traf, hatte sie das Gefühl, dass sich all die Puzzleteilchen ihres Lebens endlich zu einem Gesamtbild zusammenfügten: »Es hat damals gepasst, und es passt immer noch.«

Nicht alle Begegnungen mit der Vergangenheit verlaufen so harmonisch. Ich kenne zahlreiche Geschichten von Typen aus der Vergangenheit, die unvermittelt im aktuellen Leben meiner Freundinnen wieder auftauchten. Da melden sich Urlaubslieben wieder, die man längst gedanklich beerdigt hat. Auch wenn man sich tränenreich verabschiedet hatte, nachdem man kurzfristig ein einfaches, aber kontemplatives Leben auf einer Mittelmeerinsel mit Stefano, Juan oder Kostas in Erwägung gezogen hatte. Doch dann steht er plötzlich vor der Tür, der Mann, den man an einem südlichen Strand so unwiderstehlich fand – und der jetzt im unbarmherzigen Licht unserer Breitengrade irgendwie anders aussieht. Vielleicht auch, weil wir nicht mehr die rosarote Brille aufhaben, sondern die Urlaubsliebe nüchtern und mit geübt kritischem Auge begutachten. Da kann schon eine spießige Hose das Gesamtbild beeinflussen. »Ich kannte ihn eigentlich nur in Badehose«, versucht eine Freundin sich zu rechtfertigen, »wir hatten eine tolle Zeit zusammen. Aber als er hier aufkreuzte, merkte ich plötzlich, wie grundverschieden unsere Leben sind. Ehrlich gesagt war es mir ein bisschen peinlich, mit diesem Naturburschen in meiner Clique aufzutauchen.« Es fiel ihr übrigens nicht leicht, ihn wieder loszuwerden. Er war gekommen, um zu bleiben. Es brauchte ein spendiertes Flugticket, um ihn zur Rückreise zu bewegen.

Es kommt in solchen Fällen auch zu ungewollt komischen Begegnungen. Ich wurde zum Beispiel von einem Typen angesprochen, der fragte: »Erkennst du mich nicht?« Nein, nicht auf den ersten Blick, denn er war mal ein gut aussehender Junge, der nun etwas ungünstig in die Jahre gekommen ist. Früher Sänger und Gitarrist in der Schulband, dem alle eine glanzvolle Zukunft im Showbusiness prophezeit hatten. Nun ist er Beamter geworden, »wegen der Sicherheit«, wie er sagt, und jetzt im Ruhestand. Er zeigte Bilder seiner Enkel und seines Wohnwagens, ich machte mir Sorgen um ihn, weil seine rote Gesichtsfarbe auf Bluthochdruck hinwies. »Du musst uns unbedingt besuchen«, schlug er vor, und ich wusste, dass ich in diesem Fall die Vergangenheit nicht wieder aufleben lassen wollte.

Männer werden nach meiner persönlichen Statistik im Alter deutlich anhänglicher. Sie melden sich nach einem halben Jahrhundert Schweigen so selbstverständlich, als hätte man sich erst vorgestern in der Eisdiele getroffen. Ein Schulfreund entschuldigte sich, dass er in den letzten 30 Jahren leider zu beschäftigt gewesen sei, um von sich hören zu lassen. Jetzt aber sei er aus dem Ausland zurück, und es wäre doch schön, wenn wir uns wiedersehen könnten.

Ich habe den Verdacht, dass alternde Männer sich aus Bequemlichkeit einfach zurück ins warme Nest sehnen. Es gibt sogar Studien, die beweisen, dass nostalgische Gedanken unser Körpergefühl beeinflussen können. Wir empfinden kalte Räume als wärmer, wenn wir dort schöne Erinnerungen an früher hegen. Jeder dritte Single wünscht sich angeblich den oder die Ex zurück. Weil das, was kommt, unbekannt ist, aber das Gewesene hingegen bekannt, vertraut und verständlich? Mein Tipp: Man sollte bei der Scheidung besser nie »Nie wieder« sagen.

Meine Freundin Kerstin war bei ihrer Scheidung 28 Jahre alt. Sie genoss ihr freies, selbstbestimmtes Leben, es gab andere Männer, und ihren Ex erwähnte sie nur selten. Neulich habe ich sie getroffen – mit ihrem Ex-Ehemann. Nach 40 Jahren Trennung leben sie wieder zusammen, beide inzwischen über 70. Ich hatte erst den Verdacht, dass sie nicht allein alt werden will. Aber die beiden sind geradezu rührend, wie sie sich gegenseitig umsorgen und liebevoll miteinander umgehen. »Niemand kennt mich so gut wie er«, sagt sie, »und das macht im Alter doch vieles einfacher. Wir müssen uns nichts vormachen, haben uns im Alltag bestens arrangiert. Es ist, als würden wir die gleiche Sprache sprechen.« Die Vergangenheit kann ein Anker für die Seele sein.

Denn wenn wir alte Freunde wiederfinden, ist es manchmal wie die Wiedergeburt einer Zeit, in der alles leichter schien. Die negativen Erinnerungen verdrängen wir ja ganz gern. Deswegen versuchen es manche Paare auch mehrmals miteinander. Liz Taylor und Richard Burton, Hollywoods Skandalpaar, zusammen wie Dynamit, die jedes Mal explodierten, wenn sie sich nahe kamen. Trotzdem haben sie sich dreimal wieder zusammengerauft, zweimal geheiratet. Ein aktuelleres Beispiel kennt man auch: Bettina Wulff hat sich dreimal von ihrem Mann, dem ehemaligen Bundespräsidenten Christian Wulff getrennt. Und ist immer wieder zu ihm zurückgekehrt. Warum sie ihn nicht loslassen kann, darüber möchte ich hier nicht spekulieren. Aber meine Verwunderung darüber ausdrücken, dass er sie immer wieder aufnimmt. Vielleicht, weil das Vertraute so viel Halt bietet. Da weiß man wenigstens, was man hat – oder was nicht.

Manchmal wird so ein Wiedergänger aus der Vergangenheit auch lästig. Im SZ-Magazin erkundigte sich eine Stefanie in der Rubrik »Gute Frage«, wie sie mit dem Ex-Ehemann umgehen soll, der ihr alljährlich zum Hochzeitstag, aber auch zu Weihnachten und Ostern SMS-Grüße schickt. Sie fühle sich dadurch belästigt, vor allem, weil sie überhaupt kein Interesse mehr an ihm habe. Die kluge Beziehungs-Expertin Johanna Adorján antwortete, dass dies tatsächlich nervig sei, gab aber zu bedenken: »Wenn man es genau nimmt, gibt es Schlimmeres, als wenn jemand, den man einmal sehr geliebt hat, all das, was man sich zusammen gewünscht hat, nicht vergisst. Auch wenn es dann anders gekommen ist, war es ja trotzdem wahr.«

Schön, wenn man auch nach einer Trennung befreundet bleiben kann. Wahr ist aber auch, dass es Menschen gibt, über die man sich ein Leben lang aufregen kann. Ich muss nur mit einer früheren Liebe telefonieren, und schon fühle ich mich wie in der

Filmkomödie »Und täglich grüßt das Murmeltier«, in der Bill Murray in einer Zeitschleife festsitzt und ein und denselben Tag immer wieder erlebt. Jedes Telefonat mit diesem Ex löst in mir Aggression aus. Gut, dass der Arme nicht weiß, wie sehr ich mich immer noch über seine Ansichten und Kommentare aufrege. Wie damals, als wir uns im Dauerstreit befanden und uns deswegen trennten. Es zeigt, dass ich mit dieser Beziehung nicht wirklich abgeschlossen habe, sonst würde ich nicht alles persönlich nehmen. Meine Reflexe sind offenbar stärker als mein Verstand. In dem Film übrigens endet die Zeitschleife, als Bill Murray sich zu einem besseren Menschen entwickelt. Vielleicht sollte ich einen Ratschlag befolgen, den ich gern anderen Menschen erteile: Jeder hat in seinem eigenen Überzeugungssystem recht.

Nur wenige gehen übrigens so souverän mit lästigen Erinnerungen um wie Senta Berger. In einem Zeit-Interview erzählte die 80-Jährige von sexuellen Attacken, denen sie als junge Schauspielerin ausgesetzt war. Wie sie aus einem New Yorker Hotel vor dem gewalttätigen Produzenten Darryl Zanuck floh und mit nur einem Schuh über die Fifth Avenue humpelte. Sie habe sich damals vorgenommen, solche Übergriffe zu ignorieren: »Weil ich keinem dieser Herren das Vergnügen meiner Empörung bereiten wollte.« Dies ist in einer Zeit, in der die MeToo-Bewegung Frauen veranlasst, nach 15 Jahren und mehr Männer wegen sexueller Belästigung anzuzeigen, eine bemerkenswert überlegene Haltung.

Manchmal zeigt uns die Begegnung mit der Vergangenheit, wie wir uns selbst verändert haben. Doris war einst meine beste Freundin. Viele Jahre lang. Wir waren jung, wir teilten alle Geheimnisse. Wir feierten und verreisten zusammen. Für mich war sie eine Seelenverwandte, mehr sogar als eine Schwester. Dann – ein Missverständnis, ein Streit, und alles war vorbei. Kein Telefonat mehr, kein Treffen. Ich habe gelitten, aber sie aus meinen Gedanken gestrichen, als wäre sie gestorben. Zufällig begegneten wir uns nach über 20 Jahren wieder. Wie gern hätte ich wie mit einem Knopfdruck die Vertrautheit der längst vergangenen Zeit in die Gegenwart zurückgeholt! Wir tasteten uns in vorsichtigen Gesprächen wieder einander an. Aber trotz der Versöhnung wollte sich das früher so vertraute Gefühl der Geborgenheit nicht mehr einstellen. Unsere Leben hatten sich beruflich wie privat in unterschiedliche Richtungen entwickelt.

Wir müssen uns damit abfinden, dass manche Beziehungen eben ihre Zeit haben. Und dann im Fluss der Erinnerungen davontreiben. Man kann sich mit Milan Kundera trösten, der schreibt: »Im Abendrot leuchtet alles im verführerischen Licht der Nostalgie, sogar die Guillotine.« Was er wohl mit der Guillotine meint?

Eine brutale Trennung von der Vergangenheit? So schlimm ist es nun auch nicht, wenn wir die im Ruhestand gewonnene Zeit dazu nutzen, uns mit dem Gestern zu beschäftigen. Ich bin froh um jede Person, die sich aus meinem früheren Leben bei mir meldet.

Ex-Lover, Ex-Freundinnen, Ex-Kollegen – egal, ich bin neugierig, was aus ihnen geworden ist. Ja, und wie sie mich sehen. Bitte melden, aber nur, wenn es in der Vergangenheit nichts gibt, was aufgearbeitet werden muss.

KAPITEL 7

Mit 66 Jahren,
da fängt das Leben an …

Ein Blumenladen? Ein Café? Eine Pension? Eine neue Karriere als Malerin großformatiger Bilder? Man sollte seinen Ruhestand frühzeitig planen, das liest man immer wieder. Am besten schon in der Mitte des Lebens. Warum nicht gleich schon bei der Einschulung? Für mich war das aber kein Problem: Ideen umschwirrten mich wie aufgescheuchte Wespen. Das Leben »danach«, das war die Ansage, sollte weiterhin so aufregend und kurzweilig bleiben wie mein Arbeitsleben. Als Chefredakteurin hatte ich oft das Gefühl, dass sich mein Leben schneller drehte als das von anderen Menschen. Besprechungen, Titelbild-Konferenzen, Geschäftsessen, ein knallvoller Terminkalender. Und ich war so oft beruflich unterwegs, dass ich bei der Landung des Flugzeuges manchmal für einen Moment nicht wusste, wo ich mich gerade befand. Was ich wollte: weiter am großen Rad drehen.

Nun also – ein Blumenladen! Ich sah ihn vor mir: ein altes Gewächshaus mit Vintage-Möbeln und kuriosen Objekten, ausgestopfte Vögel, Fossilien. Kissen aus alten indischen Stoffen. Und zwischen Hortensien und Rosen ich im Blumenkleid mit Strohhut. Die Bilder, die ich im Kopf hatte, romantisch wie aus einer Rosamunde-Pilcher-Verfilmung, wurden grausam von meiner Freundin Anne zerstört. Sie verkauft in ihrem Wohn-Accessoires-Laden auch Blumen und nahm mich auf den Großmarkt mit. Um 5:30 Uhr morgens! Die pure Ernüchterung. Es ist kalt, zugig, der Ton rau, das Licht wie im Operationssaal, jeder sieht übermüdet aus. Und die Pflanzen musst du selbst schleppen.

Also lieber ein Projekt für Spätaufsteher! Ich bin eine ambitionierte Gastgeberin, die nicht rechnen kann. Wenn ich Freunde zum Brunch einlade, kommen – für mich überraschenderweise – doppelt so viele, weil ich die Hälfte vergessen habe, die ich zufällig auf der Straße getroffen und spontan dazu gebeten habe. Das sprach doch alles für ein Café. Eine Art erweitertes Wohnzimmer für meine Freundinnen und Freunde. Treffpunkt eines intellektuellen Kreises von Künstlerinnen, Schriftstellern, Schauspielerinnen und Schauspielern. Mir schwebte da die Wiener-Caféhaus-Tradition vor, wie sie Stefan Zweig in seinen Erinnerungen »Die Welt von Gestern« beschrieben hat. Oder gleich eine Pension, die ich mir wie eine Mischung aus englischem Landhaus und Pariser Bar vorstellte. Plüschige Samtsofas, wallende Vorhänge, Bücher, Tischchen, auf denen schwere Kristallgläser stehen. Zehn bis zwölf Zimmer vielleicht, um das Ganze überschaubar zu halten.

Nun, meine Karriere als Salonnière a la Gertrude Stein scheiterte leider ziemlich schnell an meinem Steuerberater. Humorlos, wie ich fand, klärte er mich über alle notwendigen Schritte auf, die da heißen: Gewerbeschein, eine Unbedenklichkeitsbescheinigung vom Finanzamt, Hygienevorschriften, Versicherungen, Abrechnungssysteme. Und er sprach über diebische Gäste. Und über solche, die ihre Schuhe an Vorhängen säubern. Außerdem darüber, dass ich mit zehn oder zwölf Zimmern niemals über die Runden kommen würde.

Wie? Zu klein geplant? Also, das hörte ich gern. Das stachelte mich geradezu an, ich plane immer lieber in größeren Dimensionen! Wenn ich für zwei koche, werden auch zwanzig satt. Dann eben 100 Zimmer! Ich ging professionell vor, abonnierte die Hotel-und-Gaststätten-Zeitschrift, las den Roman »Menschen im Hotel« von Vicky Baum und suchte nach einem geeigneten Objekt. Um es kurz zu machen: Das angebotene Ski-Hotel im Allgäu entpuppte sich als Pleitefalle, weil wegen des Klimawandels seit Jahren kein Schnee gefallen war. Und das Strandhotel auf Rügen war schon lange wegen Gästemangel geschlossen, da das Einzige, was es dort im Überfluss gab, Sand war. Und zwar in jedem Zimmer. Und dann weigerte sich meine beste Freundin auch noch, die Rezeption zu übernehmen, wo ich sie doch bereits fest eingeplant hatte.

Mit meinen gastronomischen Plänen kam ich nicht weiter. Und nur am Rande sei erwähnt: Auch eine Karriere als Malerin scheiterte, weil ein befreundeter Galerist vor meinem Bild einen Lachanfall bekam. Ich hatte mich zwar großzügig mit Farben und Leinwand ausstaffiert, aber mein Versuch, Hortensien zu malen, geriet doch sehr abstrakt. »Mach lieber etwas, was du kannst«, riet mein Freund.

Ich tröstete mich damit, dass auch ich in die Honeymoon-Falle getappt war. Der amerikanische Gerontologe Robert C. Atchley beschreibt den Übergang in die Rente als einen Prozess mit verschiedenen Phasen. Solange wir arbeiten, erscheint uns der Ruhestand als ein weit entferntes Phänomen. Je näher er dann rückt, desto mehr Gedanken machen wir uns. Was wird sein? Wie werden wir uns fühlen? Und wenn er dann da ist, der letzte Arbeitstag, überfällt viele ein Gefühl der Euphorie. Wir sind wie Frischverliebte, die die Welt neu entdecken. Alles scheint möglich, nichts kann uns aufhalten. Wir stecken voller Schwung und Fantasie, sind in einem permanenten Zustand der Erregung. Eben der Honeymoon-Effekt. Ja, und dann kommt unweigerlich wie das Amen in der Kirche die Phase der Ernüchterung. Der Kater nach der Champagnersause.

Die Vernunft kehrt zurück. Und mit ihr die Einsicht, dass meine grandiosen Pläne einen Fehler hatten: Es ging nicht um meine Selbstverwirklichung, sondern darum, der Welt zu beweisen, dass mit mir noch zu rechnen war. Ich hatte mein Leben im Ruhestand nicht wie eine Fortsetzung, sondern wie eine Neuauflage meiner Karriere geplant. Wie ein Monopoly-Spiel: Zurück auf Los! Alles noch einmal von vorn.

Wenn wir uns aus dem Arbeitsleben verabschieden, fällt vieles weg, was uns Sinn und Status gegeben hat. Für die Hochleistungsgesellschaft werden wir quasi unsichtbar. Aber wir wollen weiterhin wahrgenommen werden. Es geht um das höchste gesellschaftliche Gut: die Aufmerksamkeit der anderen.

»Was ist angenehmer als die wohlwollende Zuwendung anderer Menschen, was wohltuender als ihre teilnehmende Einfühlsamkeit? Was gibt es Aufregenderes als einen ganzen Saal gespannter Blicke, was Hinreißenderes als den Beifall, der einem entgegentost?« Das schreibt der Wiener Professor Georg Franck in seinem Kultbuch »Ökonomie der Aufmerksamkeit«. Die Aufmerksamkeit anderer Menschen nennt er »die unwiderstehlichste aller Drogen«. Für ihn ist Aufmerksamkeit die neue Währung unserer Gesellschaft. Sie sticht jedes andere Einkommen aus. Darum steht der Ruhm über der Macht, verblasst der Reichtum neben der Prominenz.

Aufmerksamkeit funktioniert wie eine Sucht. Bei Beginn der Rente befinden wir uns deswegen auf einer Art Entzug. Wir waren es gewohnt, über unseren Beruf definiert und wahrgenommen zu werden. Das fällt alles weg. Wer sind wir dann noch, wenn wir nichts mehr sind?

Eine spannende Frage, denn jetzt erleben wir das, wonach die meisten Menschen lebenslang streben: die große Freiheit. Fragen wir jedoch Lottogewinner, wie sie sich ihre Zukunft vorstellen, wollen viele erstaunlicherweise weiterarbeiten.

Die Entkoppelung von allem, was uns vertraut ist, scheint doch nicht so verführerisch.

Aber man muss keine Angst vor der Rente haben. Es gibt im Ruhestand vieles, was unser Leben leichter macht. Wir müssen niemanden mehr beeindrucken. Sind niemandem mehr Rechenschaft schuldig. Niemand kann uns daran hindern, genau das zu tun, worauf wir Lust haben. Zu sein, wer wir schon immer sein wollten.

Die Rente, das habe ich begriffen, ist nicht der Anfang vom Ende, sondern die schönste Lebensphase. Es geht nicht mit uns abwärts, sondern aufwärts.

Wie Udo Jürgens sang: »Mit 66 Jahren, da fängt das Leben an, mit 66 Jahren, da hat man Spaß daran. Mit 66 Jahren, da kommt man erst in Schuss, mit 66 ist noch lang noch nicht Schluss«.

KAPITEL 8

Hilde, ihm gefällt es nicht

Was passiert mit Männern in Führungsjobs, wenn sie in den Ruhestand wechseln? Sie entwickeln sich zur häuslichen Plage. Niemand hat das je besser beschrieben als Loriot mit seinem Kultfilm »Pappa ante Portas«. Meine Lieblingsszene: Heinrich Lohse, Abteilungsleiter bei der Deutschen Röhren AG, wird in den unfreiwilligen Vorruhestand geschickt. Zu Hause überrascht er seine Frau Renate im Wohnzimmer. Sie: »Mein Gott, hast du mich erschreckt!« Er: »Ich wohne hier.« Sie: »Aber doch nicht jetzt, um diese Zeit.«

Bei aller Komik bleibt einem gelegentlich das Lachen im Hals stecken, denn Herr Lohse kann es nicht lassen, Vorgesetzter zu sein, und übernimmt generalstabsmäßig den Haushalt. Nur dass er nicht wie früher für die Firma wegen Mengenrabatt Schreibmaschinenpapier für die nächsten 40 Jahre einkauft, sondern 150 Gläser Senf. Denn im Dutzend sind sie billiger. Das Chaos ist vorprogrammiert und die Botschaft klar: Männer können Verantwortung nur schwer loslassen. Notfalls wird die Familie herumkommandiert.

Was aber ist mit uns Powerfrauen, die in den Ruhestand wechseln? Darüber hat noch niemand einen amüsanten Film gedreht oder ein lustiges Buch geschrieben. Wahrscheinlich, weil es überhaupt nicht komisch ist, wenn man als Ex-Chefin nur noch den Haushalt zu managen hat. Was sich in meinem Fall jedoch als schwierig herausstellte, weil da bereits jemand anderes die Aufgabe übernommen hatte.

»Was wollen Sie hier?«, fragte unsere Haushaltshilfe Hilde misstrauisch, als ich in die Küche geschlendert kam. In den ersten Tagen nach meiner Verabschiedung trieb mich eine gewisse Unruhe durch Haus und Hof. Das abrupte Ende eines seit Jahren eingespielten Tagesablaufs, die Ernüchterung, als aus den Blumenladen-oder-Café-Plänen nichts wurde, ließ mich nach neuen Aufgaben suchen. Hatte ich nicht eine wunderbare Designer-Küche in Schwarz-Weiß? Wie in den Kochshows, die auf jedem Sender laufen. Da wurde doch auch viel geschnipselt, gerührt, gebraten, und alles sah nach großem Spaß aus. »Ich dachte, ich unterstütze Sie mal«, erklärte ich Hilde also voller Zuversicht. Ihr Blick war argwöhnisch, um nicht zu sagen gefährlich. Die letzten 20 Jahre war die Küche allein ihr Reich gewesen, zu dem ich höchstens Zutritt hatte, wenn Salz oder Zucker auf dem Esstisch fehlten.

Ich öffnete den Kühlschrank und studierte das Verfallsdatum eines Joghurts. »Vorgestern abgelaufen«, stellte ich fest. Wie gesagt, ich stellte es nur fest, in einem sehr neutralen Tonfall.

Gut, vielleicht hätte ich großmütig über die Tasse im Geschirrschrank hinwegsehen sollen, die mir nicht ganz sauber schien und die folglich in die Spülmaschine wanderte. Kommentarlos übrigens. Hilde hantierte daraufhin so wütend mit den Töpfen im Spülbecken, dass ich mich vorsichtshalber ins Wohnzimmer zurückzog.

Dort fiel mein Blick auf den Esstisch, der sehr alt und sehr lang ist, weswegen er auf sechs Beinen steht. Eigentlich ideal, um daran zu arbeiten. Nur dass der Tisch zu hoch war – oder ich zu klein. Die Tischplatte reichte mir quasi bis zum Kinn. Das war schon immer so gewesen, und ich hatte mir bisher mit Kissen geholfen. Jetzt aber, in der neuen aktiven Phase meines Lebens, konnte ich ja das Provisorium beenden. Energiegeladen telefonierte ich mit einem Schreiner, und wenige Tage später waren die sechs Tischbeine um etliche Zentimeter gekürzt. Trotz der Proteste von Hilde, die das als Eingriff in ihr Hoheitsgebiet empfand. Für mich aber hatte der Tisch jetzt die richtige Höhe. Und ich war stolz auf mein Organisationstalent.

Am Abend alarmierte mich ein wütender Protestschrei meines Lieblingsmenschen. »Was ist mit dem Tisch los?«, rief er, »meine Beine passen nicht mehr darunter.« Nun ja, bei meiner Aktion hatte ich übersehen, dass der Mann meines Lebens größer ist als ich. Und am Tisch konnte er jetzt nur noch sitzen, wenn er die Knie zur Seite drehte, was zugegebenermaßen ziemlich unbequem ist.

Es gab eine ernsthafte Krise in unserer Beziehung, und in bester Loriot-Manier stellte er empört fest: »Ich wohne auch hier!« Mein Angebot, die Stuhlbeine zu kürzen, wurde mit der eisigen Bemerkung abgeschmettert, dass er nicht bei den sieben Zwergen hinter den sieben Bergen bei Schneewittchen wohne, sondern in einem bis dato ordentlichen Haus.

Ich musste Hilde schwerste Abbitte leisten, denn sie hatte die sechs abgesägten Holzklötze aufgehoben. Der Schreiner schraubte sie in einem komplizierten Verfahren wieder an die Tischbeine. Nach wie vor brauche ich also Kissen, wenn ich an diesem Tisch sitze. Aber wenigstens ist der Hausfrieden wiederhergestellt.

Nichts geht über eine gute Organisation. Wenn man mehr als 30 Jahre Chefin war, gehört das Optimieren von Arbeitsabläufen zur Tagesordnung. Die Neustrukturierung unseres Haushaltes wurde folglich zum stillen, verbissenen Kampf zwischen Hilde und mir. Ich beschrieb gelbe Zettelchen mit Korrekturvorschlägen (»Für Küche und Arbeitszimmer getrennte Putzlappen nehmen«), die ich überall hinklebte – auf Schrankwände, Kopfkissen, Staubsauger und Badezimmerspiegel. Es dauerte nicht lange, und Hilde kündigte mir tränenüberströmt.

Man muss rechtzeitig erkennen, welchen Kampf man gewinnen kann und ob der Preis dafür sich lohnt. »Dann machen Sie es eben so wie bisher«, schlug ich Hilde vor, worauf sie mit dem Lappen, mit dem sie gerade die Küche gewischt hatte, zufrieden den Wohnzimmertisch abstaubte.

Mein Aktionismus benötigte also neue Ziele. Manchmal erträgt man jahrelang etwas, weil die Zeit fehlt, es zu ändern. Wir hatten im Wohnzimmer ein Fenster, aus dem ich schon immer eine Terrassentür machen wollte. In Abwesenheit des Hausherrn, der sich bei einem Seminar befand, wurde nun aus dem Fenster eine Tür. Was ihm im Gegensatz zu dem tiefergelegten Tisch nicht auffiel. Im Gegenteil, er ging wochenlang durch diese Tür ins Freie, bis ich ihn dezent auf die Veränderung aufmerksam machte.

Dafür bemängelte er die Verschiebung des Fernsehers von einer Ecke in die andere. Ich muss gestehen, dass mein Wunsch nach Veränderung wochenlang den Haushalt in Atem hielt. Mal wanderte die Sofaecke in einen anderen Raum, dann gab es eine neue Wandfarbe, und Bilder wurden umgehängt. Mein Aktionismus wurde erst gestoppt, als ich laut überlegte, Küche und Bibliothek zu tauschen, und der Mann meines Lebens eine vorübergehende Trennungsphase vorschlug.

»Ich habe nicht gewusst, wie es ist, wenn er Zeit hat«, sagt Renate Lohse verzweifelt zu ihrer Freundin. Ihre Antwort beweist mal wieder, wie lebensklug Loriot war. »Such dir einen Job«, sagt die Freundin, »Ehepaare sind nur glücklich, wenn einer nie Zeit hat.«

KAPITEL 9

Ich kenne dich, aber woher?

Ich kenne diese Frau nicht. Aber sie kommt strahlend auf mich zugesteuert, Küsschen links, Küsschen rechts. Wer ist sie bloß? Manchmal entfallen mir Gesichter und Namen. Das ist wie mit meiner Lesebrille, die ich gerade noch in der Hand hatte und im nächsten Moment verzweifelt suche. Ehrlicherweise passiert mir das in letzter Zeit immer häufiger. Im Ruhestand beginnt man sich ja selbst misstrauisch zu beobachten. Wann kündigen sich die ersten Symptome des Alterns an? Manchmal beginne ich einen Krimi zu lesen und merke erst bei der Hälfte, dass ich ihn schon kenne. Wo habe ich nur gleich wieder den Satz gelesen: Ich merke mir alles, nur nicht mehr so lange?

Auf alle Fälle werde ich jetzt nicht den Fehler begehen und die Frau fragen: »Woher kennen wir uns?« Ich werde so tun, als wäre sie eine gute Freundin, sie anstrahlen und ihr sagen, wie froh ich bin, sie hier zu treffen. Okay, das ist eine Notlüge, aber immer noch besser, als sie zu kränken.

Den Namen zu vergessen, ist die schlimmste aller Sünden. Hoffentlich hat sie meine Verwirrung nicht gemerkt, denn sie fragt jetzt betont scherzhaft, aber doch mit diesem lauernden Unterton, der schon die Kränkung erkennen lässt: »Du weißt doch, wer ich bin?« Die gemeinste aller gemeinen Fragen!

Mein schauspielerisches Talent wird immer öfter auf die Probe gestellt, weil ich Menschen nicht sofort einordnen kann. Ich zermartere mir das Hirn und versuche mich mit einer Gegenfrage aus der peinlichen Situation zu befreien: »Was macht die Liebe?« So direkt angesprochen zu werden, bringt die meisten Menschen ziemlich aus dem Konzept. Diese Frage klingt zugleich nach einem ehrlichen Interesse, und deswegen beginnen viele zu erzählen. Sie glauben nicht, von wie vielen Affären und Liebeskrisen ich auf diese Weise erfahren habe! Nur einmal hatte ich Pech, als mir eine Frau bedrückt antwortete: »Ich habe meinen Mann vor drei Wochen begraben müssen.«

Ein von mir geschätzter Verleger hat ein ähnliches Problem. Natürlich kann er sich nicht alle Gesichter und Namen seiner rund 4000 Mitarbeiter merken. Wenn er morgens in den Aufzug steigt und auf Gesichter stößt, die ihm nichts sagen, fragt er jeden einzelnen: »Und, was ist heute das Wichtigste, was Sie machen werden?«

Es ist immer wieder erstaunlich, wie perplex die Angesprochenen reagieren. Und wie geschmeichelt.

Denn sie haben das Gefühl, dass der Chef sich auf sehr persönliche Weise für sie interessiert.

Aber zurück zu dieser Frau, an die ich mich nicht erinnern kann. Vielleicht habe ich sie vor einigen Wochen bei einer Vernissage getroffen. Hatten wir ein intensives Gespräch miteinander? Mein Kurzzeitgedächtnis lässt nach. Das ist definitiv eine Alterserscheinung, die mir nicht gefällt. Hoffentlich werde ich nie Zeugin eines Verbrechens. Nach 24 Stunden kann ich mich nicht mehr an Details erinnern. Aber fragen Sie mich nach Weihnachten 1966! Da war ich 17 Jahre alt, und meine Mutter schenkte mir fürs Ski-Lager einen Schlafanzug. Ich kann mich daran erinnern, als wäre es gestern gewesen. Wie ich das silberne Geschenkpapier aufriss und grenzenlos enttäuscht war. Meine Mutter musste das gute Stück in einem China-Laden gekauft haben, die Hose aus schwarzer Kunstseide, ein türkisfarbenes Oberteil mit Drachenmuster. So lieb gemeint, doch für die damalige Zeit ein peinliches Outfit, denn meine Schulfreundinnen hatten alle karierte Flanell-Schlafanzüge im Country-Stil eingepackt. Aber ich wollte meine Mutter nicht kränken und sehe sie noch vor mir, wie sie fragt: »Gefällt er dir?«

Ich werde nie vergessen, wie sie mich ansah und wie ich mein ganzes schauspielerisches Talent zusammenkratzte und begeistert tat.

Vergesslichkeit und Konzentrationsschwäche gelten allgemein als Teil des Alterungsprozesses. Aber während mein Langzeitgedächtnis immer besser funktioniert, verabschiedet sich offenbar mein Kurzzeitgedächtnis. Wie kann es sein, dass ich mich nicht an den Titel des Films erinnere, den ich vor vier Wochen im Kino gesehen habe, aber aus meinem Poesiealbum, in das ich als Zehnjährige meine Freundinnen schreiben ließ, noch alle Verse auswendig kenne? Sie brauchen mich gar nicht lange zu bitten, ich trage gern vor:

Einst saß die liebe Trixi am wiesenreichen Grund,
da stach sie eine Biene auf ihren zarten Mund.
Verzeih mir, sprach die Biene,
es ist nicht gern geschehen,
ich habe deine Lippen
für rote Rosen angesehen.

Ich vergesse bei meinem Auto regelmäßig, wo sich der Hebel befindet, mit dem man die Motorhaube öffnet. Aber ich erinnere mich an den Namen meiner Lehrerin in der ersten Grundschulklasse, Fräulein Fichtner, und wie unglücklich ich als Sechsjährige war, weil sie nach Afrika, nach Windhuk, versetzt wurde.

Mein Langzeitgedächtnis ist wirklich ein Phänomen. Es kann mir zwar passieren, dass ich mit einer bestimmten Absicht in die Küche gehe und plötzlich nicht mehr weiß, warum. Dafür kenne ich die meisten Schlagertexte aus den 1960er- und 1970er-Jahren auswendig. Manchmal saß ich mit meinem Berliner

Freund Udo Walz in der Paris Bar, und beschwingt von Alkohol, begannen wir zu singen. »Jimmy Brown, das war ein Seemann, und das Herz war ihm so schwer ...« von Freddy Quinn oder »Weine nicht, kleine Eva« von den Flippers. Unser Publikum war verblüfft und überrascht. Wir kannten alle Strophen und fühlten uns damals reif für einen Auftritt in »Wetten, dass ...« bei Thomas Gottschalk.

Glücklicherweise bin ich nicht die Einzige, die unter gelegentlichen Gedächtnislücken leidet, was zu absurden Gesprächen mit Freundinnen führt.

Sie: »Gestern habe ich den, wie heißt er doch gleich, den Dingsda getroffen. Du weißt doch, den, den wir neulich bei der ... Himmel, jetzt fällt mir ihr Name auch nicht mehr ein, gesehen haben.«

Ich: »Meinst du den Typen, der immer in dieser Bar, Himmel, jetzt komme ich doch nicht auf den Namen, mit zwei Freunden herumhängt?«

Sie: »Also der Name von dem Typ fängt mit J an – oder kommt das J in der Mitte vor?«

Ich: »Wie heißt denn die Frau, bei der du ihn getroffen hast?«

Sie: »Da bin ich jetzt überfragt. Du kennst sie, sie hat so einen Kurzhaarschnitt.«

Ich: »Die hat doch einen Hund, einen Golden Retriever, glaube ich.«

Sie: »Nein, sie hat immer diesen rot karierten Mantel an, so ein Designerstück von, ach, weiß ich jetzt auch nicht, wie das Label heißt.«

Ich: »Der Name liegt mir aber jetzt echt auf der Zunge ...«

Ich will Ihnen den weiteren Verlauf dieses Gesprächs ersparen, aber das Suchen nach Namen erinnert mich an das Stöbern in den unergründlichen Tiefen meiner Handtasche, wenn ich meinen Hausschlüssel oder das Handy brauche.

Neulich haben wir auf einer Party gerätselt, wie der Designer heißt, der das Promi-Shoppen erfunden hat. Klar, jeder kennt ihn, aber uns Freundinnen fiel der Name partout nicht ein. Wie weggeblasen. Bis eine auf die Idee kam, den Namen zu googeln. »Guido Kretschmer!«, rief sie, und wir waren alle erleichtert. Denn wenn dir ein Name entfallen ist, kann dich das ganze Nächte beschäftigen. Wie ein Ohrwurm, der dich verfolgt.

Wahrscheinlich liegt es ja überhaupt an den sozialen Medien, dass unsere Gehirne immer träger werden. Den Verdacht habe ich schon lange. Gedächtnisforscher sagen, man könne die Altersvergesslichkeit bekämpfen, wenn man das Gehirn wie einen Muskel ständig trainiert. Ach, wäre das schön, wenn ich mein Gehirn zu Trainingszwecken täglich eine Stunde aufs Laufband schicken könnte!

Diese kleinen Gedächtnislücken haben aber durchaus auch etwas Angenehmes. Ein Vorteil des Ruhestandes ist, dass man sich solche »Aussetzer« jetzt viel leichter und folgenloser erlauben kann. Bei der Arbeit wäre das nicht möglich gewesen. Es ist, als würde mein Gehirn jetzt selbstständig aussortieren, was sich lohnt zu merken und was nicht.

Hier eine Liste von Dingen, die ich mir gar nicht mehr merken will:

- die IBAN meines Bankkontos
- wie lange ein Satz im Tennis dauert (wurde mir schon hundertmal erklärt)
- die Telefonnummer meines Steuerberaters
- wie ich meinen Computer neu starte
- technische Details im Allgemeinen
- meine Cholesterin-Werte
- die Steuernachzahlung vom letzten Jahr
- die Nacht, in der mir meine Katze eine lebende Maus ins Bett brachte
- die Höhe meiner letzten Zahnarzt-Rechnung
- meinen ökologischen Fußabdruck

Es gibt auch eine angenehme Seite der kleinen Gedächtnislücken: Ich vergesse ziemlich schnell, wenn ich mich über jemand geärgert habe. Ich bin so nachtragend wie ein Stäubling, das ist ein Pilz, der buchstäblich in einer Wolke verpufft, wenn man ihn berührt. Damit lebt es sich übrigens wirklich leichter.

Ach, und was die Frau betrifft, an deren Namen und Gesicht ich mich unverzeihlicherweise nicht erinnern konnte: Bei längerem Hinsehen kam sie mir doch vage vertraut vor. Sie hatte irgendetwas mit ihren Haaren gemacht, auch die Nase schien mir anders. Das muss einem doch gesagt werden! Jetzt weiß ich, wer sie ist. Beziehungsweise einmal war.

KAPITEL 10

Mit dem Hund in die Freiheit

Die Übung scheint unkompliziert: rechtes Bein, ein Schritt nach vorn. Leicht in die Knie gehen, dann rechte Hand von hinten zwischen die Beine. Und jetzt soll Emil sich von vorn kommend zwischen meine Beine schlängeln, meine Hand berühren. Alles klar? Emil ist übrigens mein Hund, und ich will ihm Dogdancing beibringen.

Noch nie davon gehört? Eine Hundesportart, bei der Mensch und Tier zu Musik bestimmte Positionen, Drehungen und Sprünge vortanzen. Genau, tanzen! Dogdancing wird bereits auf Turnieren weltweit gezeigt. Emil, in meinen Augen der klügste Hund weit und breit, bleibt jedoch wie angewurzelt sitzen und schaut mich besorgt an. Nicht einmal ein Leckerli vermag ihn zum Aufstehen zu bewegen. Nein, er rollt sich auf den Rücken. Positiv bleiben, ermahne ich mich. Der Hund soll Spaß haben. So steht es in der Anleitung. Verweigert er die Übung, sollte man abbrechen, damit der Hund nicht frustriert wird. Eventuelle Frustrationen bei der Hundehalterin werden nicht erwähnt. Ich bin ja auch nur ein bisschen enttäuscht. Nun – also gut, ich fühle mich wie eine Versagerin. Jahrelang habe ich als Chefin mit Teams gearbeitet und nie Probleme mit der Autorität gehabt. Und jetzt scheitere ich an einem Hund, der mir knapp über die Knöchel reicht.

Ich gebe ja zu, dass ich Großes mit Emil vorhatte. Wenn man ein Leben lang an interessanten Aufgaben gearbeitet hat, lässt sich der Ehrgeiz im Ruhestand nicht einfach wie mit einem Lichtschalter ausknipsen. Mit Hunden bin ich vertraut, ich habe immer mit Vierbeinern gelebt und davon geträumt, ihnen mehr beizubringen als »Sitz«, »Lass das« und »Runter vom Sofa«. Und jetzt hatte ich endlich Zeit dafür.

Emil kam wenige Wochen nach meinem Ausscheiden aus dem Verlag zu mir. Ich vibrierte noch vor Energie, und Dogdancing schien mir als ehrgeiziger Person ein geeignetes Projekt, denn Mensch und Tier müssen innig vertraut eine Art *Pas de deux* vorführen. Ein Duett im Gleichschritt. Eine echte Herausforderung. Um es abzukürzen: Dem Hund fehlte die Konzentration, mir die Geduld. Nach sieben Übungen gaben wir beide auf. Machte nichts, ich meldete ihn bei der Hunde-Rettungsstaffel an, damit er lernte, Vermisste im Wald aufzuspüren.

Nach der ersten Stunde meldete ich uns beide wieder ab. Ich stand gefühlt stundenlang im Schnee, und Emil hockte sich zitternd neben mich. Er wollte niemanden aufstöbern, weder Mensch noch Wild. Schlaues Kerlchen, er liebt das gemütliche Leben wie sein Frauchen.

Als Alternative blieb noch die Ausbildung zum Therapiehund, der Alte und Kranke tröstet. Beim ersten Besuch im Seniorenstift fraß Emil von allen Tellern Kuchen und erbrach sich schließlich vor dem Rollstuhl einer Seniorin. Wir bekamen dort keinen neuen Termin.

»Man kann ohne Hund leben, aber es lohnt sich nicht«, erklärte einmal mein Lieblingsphilosoph Loriot, der sein Leben mit zwei schwarzen Möpsen teilte. Es gibt viele Gründe, warum ein Hund das Leben bereichern kann. Er strukturiert den Tag – mindestens dreimal täglich müssen Sie mit ihm raus ins Freie. Er schenkt Liebe und Vertrauen. Bevor Sie einen Baum umarmen, um sich und die Natur zu spüren, sollten Sie mit einem Hund auf dem Sofa kuscheln. Das ist wahre Wärme. Zudem ist jeder Hund ein Kommunikationskünstler. Sie kommen mit Menschen ins Gespräch, die Sie vielleicht unter normalen Umständen nie kennenlernen würden.

Begleiten Sie mich auf die Hundewiese im Park, täglich treffe ich dort die Ü60-Fraktion. Alle haben einen Hund und sehr viel Zeit. Sonst könnten sie ja nicht tagsüber spazieren gehen. Wir sind wie Eltern, die am Rande des Spielplatzes stehen und ihre Zöglinge beaufsichtigen. Die Gespräche ähneln sich auch.

»Snoopy mag es gar nicht, wenn ihm Luna den Ball wegnimmt. Jetzt wird er gleich sauer.«

»Wir sollten die beiden trennen!«

»Luna kann schon auf sich selber aufpassen.«

»Vorsicht, da kommt Fritzi, jetzt wird gleich gerauft!«

»Luna, komm sofort zu Mutti!«

»Jetzt lass die doch spielen, die machen das unter sich aus.«

»Lunaaaa, komm her!«

Luna, eine elegante Königspudel-Dame, gehört einer pensionierten Schulrektorin, Fritzi, ein Bobtail, einem ehemaligen Polizisten, Snoopy einem geheimnisvollen Gentleman, von dem man sich im Park zuraunt, er wäre einst im Geheimdienst tätig gewesen. Und so, wie sich Eltern über ihre Kinder miteinander vernetzen, ist es auch bei uns Hundemenschen. Wir sind miteinander befreundet, sofern es die Hunde auch sind. Die nette Dame mit dem Windhund scheidet leider als Freundin aus, weil Sheila Emil gezwickt hat.

Es ist übrigens ein großer Unterschied, ob man als berufstätiger Mensch seinen Vierbeiner hauptsächlich morgens und abends ausführt oder als von allen Aufgaben befreiter Ruhestand-Mensch tagsüber mit ihm Gassi geht. Es ist wie früher in der Kantine, man grüßt sich, hält ein Schwätzchen, teilt Natur-Beobachtungen – »heute ist ein wirklich schöner Tag« –, aber das Hauptgespräch dreht sich um die Chefs. Machte man sich früher Gedanken darüber, welche Laus zum Beispiel dem Vorgesetzten mal wieder über die Leber gelaufen war, geht es jetzt um Hektors schlechte Laune und warum er bellend dem Jogger hinterherläuft. »Das macht er doch sonst nie«, versichert seine Besitzerin. Das ist ihr tägliches Mantra, und wir nicken verständnisvoll, obwohl wir alle wissen, dass Hektor *jedem* Jogger bellend hinterherjagt. Er ist ja auch ein Jagdhund. Ein bayerischer Gebirgsschweißhund. Ein kompakter Typ, der zur Jagd gezüchtet wurde. Was macht er im Stadtpark? Es handelt sich offenbar um den neuen In-Hund, denn im Park laufen inzwischen vier dieser Sorte herum.

Hunde verraten mehr über ihre Besitzer, als denen wahrscheinlich lieb ist. Meine Beobachtungen: Wer im Beruf eine wichtige Position eingenommen hatte, wird sich im Ruhestand nicht unbedingt einen Zwergpinscher anschaffen, sondern eher einen Vierbeiner, der Autorität ausstrahlt. Es erhöht die eigene Wichtigkeit, wenn man mit einem Hund spazieren geht, vor dem andere respektvoll ausweichen. Ich weiß, Ausnahmen bestätigen die Regel. Meine Freundin Rita, früher Chefin einer großen Firma, hat sich als Neurentnerin einen Chihuahua angeschafft. Der allerdings bellt trotz seiner drei Kilo so bedrohlich, dass selbst ein Neufundländer zurückschreckt. Größe hat ja nicht unbedingt etwas mit Autorität zu tun. Aber es sind erstaunlich viele schwere Kaliber tagsüber im Park unterwegs, Hunde groß wie Kälber, Rhodesian Ridgebacks, Windhunde, ungarische Vizslas. Ihre Besitzer sind vor allem elegante, zierliche Damen im gehobenen Alter. Und wenn man sie reden hört, könnte man glauben, sie sprächen nicht über Hunde, sondern über Männer: »Mit Bobby rede ich heute kein Wort, er macht, was er will«, oder: »Karli müsste wirklich zwei Kilo abnehmen. Dann würde er nicht mehr so gotterbärmlich schnaufen.« Weitere Küchen-Philosophie erspare ich Ihnen hier, ich will nur noch einen Satz zum Besten geben, den ich schon mehrfach von kinderlosen Hundebesitzerinnen gehört habe: »Ich hätte ja gern Kinder gehabt, wenn es sicher gewesen wäre, dass sie ein Fell und vier Pfoten haben ...«

Auf der Hundewiese herrscht strenge Hierarchie. Je besser ein Hund hört, desto höher die Rangordnung seiner Besitzer. Und Rasse bedeutet auch immer Klasse. Mit meinem Emil rangiere ich leider nur auf den hintersten Plätzen. Seine Herkunft ist nicht ganz klar, er hat Migrationshintergrund, kommt von einem Bauernhof, die Mutter ein Beagle, der Vater angeblich ein Mops. Der Versuch, dies als neue Rasse zu deklarieren, als Puggle, stößt bei klassischen Züchtern auf Widerstand. War ich früher für schnelle Entscheidungen gefürchtet, schmunzelt man heute auf der Hundewiese über meine sinnlosen Kommandos für Emil. »Ja, wo ist er denn? Kommst du her? Aber sofort. Wenn du nicht kommst, gehe ich ohne dich!«
Leere Drohungen. Früher hatte ich öfter Sitzungen mit dem Betriebsrat. Das ist nichts im Vergleich zu den Diskussionen mit Emil. Er ist ein typischer Gewerkschafter, der protestiert, streikt und eine Erhöhung

der Zulagen fordert. Bevorzugt Käsestückchen. Neulich erklärte mir ein Hundebesitzer im verschwörerischen Tonfall, der aber unterschwellig vorwurfsvoll klang: »Sie müssen Ihren Hund besser erziehen.« Danke! Genau in diesem verschwörerischen Tonfall, in dem Kritik und Verachtung mitschwang, hatte mir früher ein Controller zugeflüstert: »Frau Riekel, Sie müssen in ihren Ressorts wirklich mehr sparen.« Heute kann ich es ja sagen: Ich habe nicht gespart. Und Emil wird nicht streng erzogen.

Er kann noch immer keine Kunststücke, aber beweist mir täglich, dass großes Glück aus vielen kleinen Glücksmomenten entsteht. Und wie schön ein Leben in Freiheit und ohne Kontrolle sein kann! Wenn er im Park davonjagt, japsend vor Glück, mit flatternden Ohren, bin ich nicht Chefin, sondern Komplizin. Genauso soll mein Leben künftig sein, ohne starres Konzept, selbstbestimmt, bereit fürs Abenteuer. Ein bisschen Panik gehört ehrlicherweise auch dazu – wenn ich nach gefühlten Stunden verzweifelt nach ihm rufe, schon versuche, mich damit abzufinden, einen Hund *gehabt zu haben*, bis mich eine Stimme irgendwo aus weiter Ferne erreicht: »Hallo, ihr Hund ist hier bei mir!« Das ist dann das absolute Glück.

KAPITEL 11

Ich brauche neue Hände

»Findest du meine Oberschenkel zu dick?« Meine Freundin Andrea ist sehr kritisch mit sich selbst. Aber ich werde sie – wie immer – höflich anlügen und etwas Nettes sagen, wie: »Ich weiß nicht, was du meinst. Sie sehen doch ganz normal aus.« Was nun wirklich nicht stimmt, denn ihre Oberschenkel sind, sagen wir es mal so, tatsächlich sehr kräftig. Aber es ist gefährlich, sich zu solchen Themen aufrichtig zu äußern. Seit Jahren überlegt meine Freundin, sich das Fett an den Oberschenkeln absaugen zu lassen. Würde ich ihr dazu raten, wäre sie wahrscheinlich tödlich gekränkt. Denn solange ich so tue, als wäre dies nicht nötig, kann sie sich damit trösten, dass das Problem nicht offensichtlich zu sein scheint. Bestätige ich aber ihren Verdacht – »ja, ich sehe, was du meinst« –, wird sie mir vorwerfen, nicht früher die Wahrheit gesagt zu haben. Immer habe sie zeltartige Röcke tragen müssen, um ihre Oberschenkel zu kaschieren. Dabei wisse doch jeder, dass Männer hautenge Jeans scharf fänden. Ihr Leben wäre ganz anders verlaufen, hätte ich ihr früh genug über ihre Problemzone die Wahrheit gesagt. Am Ende trage ich womöglich noch die Schuld am Scheitern ihrer Ehe, weil sie ohne hautenge Jeans an den falschen Mann geraten ist.

Verstehen Sie mich nicht falsch, sehr oft handelt es sich nur um eine rein rhetorische Frage, wenn es um Schönheits-Themen geht. Das liegt an diesem seltsamen Ideal einer natürlichen Schönheit, das auch das Showbusiness beeinflusst. Und Schauspielerinnen weit jenseits der 60 dazu bringt, ihren erstaunlich babyglatten Teint ausschließlich mit viel Wasser und gutem Schlaf zu erklären. Und sie wie eine Kopie der eigenen Tochter aussehen. Einer Freundin allerdings, die behauptete, ihr faltiger Hals sei wie ein Plisseerock von Issey Miyake, musste ich recht geben. Ich bestärkte sie darin, sich operieren zu lassen. Ein guter Ratschlag: Seitdem muss sie im Hochsommer nicht mehr hochgeschlossen tragen.

Mit dem Thema Schönheits-OPs begibt man sich schnell in vermintes Gebiet. Das Alter bringt es mit sich, dass wir Frauen uns ständig belügen, wenn es um das Aussehen geht. Gehören wir der Ü60-Generation an, bestätigen wir uns gegenseitig nur zu gern, wie fabelhaft wir aussehen. »Brauche ich eine Lid-Korrektur?«, will meine Freundin Lissy wissen, was ich natürlich verneine. Auch wenn sie um die Augen herum wie eine gütige alte Schildkröte aussieht. Eine andere Freundin behauptet, sie könne mir mit ihren »Winkearmen« im Sommer kühle Luft zufächeln. Ob ich der Meinung sei, sie solle die schlaffe Haut am Oberarm wegoperieren lassen. »Das hast du doch nicht nötig«, behaupte ich aus purem Egoismus. Der soziale Druck, sich liften zu lassen, ist Studien zufolge geringer, wenn sich in der eigenen Bezugsgruppe keine Gelifteten befinden.

Zwar wird in meiner Freundinnen-Clique inzwischen ungeniert über jede Form von Korrektur gesprochen, aber ich selbst verwandle mich in einen Feigling, sobald ich eine Spritze von Weitem sehe. Ich belüge mich auch gern selbst, wenn es um mein jugendliches Aussehen geht. Treffe ich Frauen in meiner Altersgruppe, denke ich manchmal, sie hätten ihre Mütter geschickt. Einige sehen so viel älter aus als ich! Was daran liegt, dass ich nur mein geschöntes Spiegelbild kenne. Ich betrachte mich ausschließlich in Bestposition: gerader Rücken, Bauch einziehen, Spielbein leicht ausgestellt nach vorne, Arme schmal am Körper, Hals gestreckt, Wangen einziehen, Kinn leicht nach unten senken. Und dann lächele ich mich an, ach was, ich strahle mein jugendliches Ich an!

Meine beste Freundin sagt oft spöttisch, ich solle mich nicht immer so verliebt anschauen. Aber wenn ich *mir* nicht gefalle, wie soll ich dann anderen gefallen? Gutes Aussehen ist schließlich auch eine Sache der Haltung und Konzentration.

Das merke ich immer, wenn ich in der Stadt unterwegs bin und mir eine Frau entgegenkommt, die mich vage an jemanden erinnert. Wieso lässt sie ihre Schultern so hängen, und die Mundwinkel noch dazu?

Und dieser unbeteiligte Blick ins Nichts, man könnte Mitleid bekommen mit der älteren Dame. Es dauert, bis ich erkenne, dass diese Frau mein Spiegelbild in einem Schaufenster ist. Der Moment der Wahrheit. So sehe ich also wirklich aus, wenn ich mich nicht in Pose werfe! Auch ein Grund, warum ich mir nie im Nachhinein meine eigenen TV-Auftritte anschaue. Da sehe ich aus, wie ich wirklich aussehe.

Es ist ja nicht so, dass man langsam vor sich hin altert. Nein, man geht als 50-Jährige ins Bett und wacht als 70-Jährige wieder auf. Von jetzt auf gleich. Gestern war mein Gesicht noch in Ordnung, heute ist da der Ansatz eines Doppelkinns. Ich will mich nicht beklagen, denn im Großen und Ganzen bin ich mit meinem Aussehen zufrieden. Die Veränderungen in meinem Gesicht betrachte ich belustigt: weniger Konturen, mehr Persönlichkeit. Erstaunlich ist auch die Sache mit den Haaren. Auf dem Kopf und unter den Achseln werden sie immer weniger, dafür sprießen sie umso mehr an ungewohnten Stellen: auf der Oberlippe, am Kinn, auf den Zehen. Vereinzelte Haare nur, aber sie sind dunkel und kräftig, und sie sind gekommen, um zu bleiben. Ich zupfe sie weg, und zwei Tage später melden sie sich wieder zur Stelle. Ich kenne sie inzwischen so gut, dass ich ihnen Spitznamen geben sollte, so wie Heidi Klum, die ihre Brüste Hans und Franz nennt.

Mit meinen Freundinnen diskutiere ich natürlich die verschiedenen Methoden der Instandhaltung unserer

Körper, was manchmal klingt, als brauchten wir ein Ersatzteillager. Neuer Busen, neue Nase, Wimpernverlängerung, künstliche Nägel, Goldfäden, die gegen erschlaffende Haut helfen, Bauchstraffung, Haar-Extensions. Seltsamerweise geben die wenigsten Frauen zu, dass sie sich Botox spritzen lassen. Und die Adresse des besten Schönheitschirurgen der Stadt für eine Halsstraffung erfragen wir natürlich nicht für uns selbst, sondern für eine Freundin, deren Namen wir aus Gründen des Persönlichkeitsrechts nicht nennen wollen.

Eines kann ich allerdings verraten: Die Diskretion nimmt mit zunehmendem Alter ab. Die Möglichkeiten, mithilfe von kleinen oder größeren Eingriffen sein Aussehen auf einem gewissen Niveau zu halten, werden immer raffinierter.

Deswegen lausche ich der Freundin gebannt, die von ihrer Nasenkorrektur mit Hyaluronsäure berichtet, eine minimalintensive Methode, die viel weniger aufwendiger als eine Operation ist. Nach einigen Tagen war nichts mehr zu sehen. Schönheitskorrekturen sind inzwischen in meinem Freundeskreis das zweitbeliebteste Thema. Nach Diäten. Was für ein Glück, in einer Zeit zu leben, in der man nicht mehr mit einem Hängelid oder Altersflecken leben muss!

Eins können wir jedoch nicht ändern: die Hände! Unser Gesicht ist dank der kosmetischen Industrie mehr oder weniger ein Bluff. Wir können es mit Make-up auffrischen, Abdeckstifte unter den Augen auftragen, die Falten mit Botox künstlich auffüllen, mit Rouge Frische auf die Haut zaubern. Aber die Hände sprechen die Wahrheit. Sie werden faltig, die Haut dünn wie Pergament mit Altersflecken. Am schlimmsten aber sind die Adern. Sie tauchen plötzlich unter der Haut auf wie boshafte Blindschleichen. Eine Bekannte behauptet, man müsse die Hände nach oben halten und schütteln, dann würden die Adern zeitweise verschwinden. Ist das Grund, warum die betagte Queen so seltsam mit ihren Händen wedelt, wenn sie der Menge zuwinkt?

Altersflecken kann man natürlich mit Lasertechnik entfernen lassen, aber sie kommen mit derselben Gewissheit wieder wie alljährlich im Frühjahr die Ameisen in meiner Küche. Hände lügen nicht. Man kann Handschuhe tragen, wie Karl Lagerfeld. Viele hielten das für einen modischen Spleen von ihm, ich hingegen denke, er wollte seine alternden Hände nicht zeigen. Wie soll man sonst mit seinen Händen leben, die man nicht mehr in die Nähe des eigenen Gesichtes bringen kann, damit der Altersunterschied nicht so dramatisch auffällt wie bei Rod Stewart und seiner Frau Penny, die 28 Jahre jünger ist.

Meine Freundin Sabine hat auch mit dem Thema Altersunterschied zu kämpfen. Schockiert berichtete sie mir von einem Termin bei der Kosmetikerin, die ihr sagte, sie habe die Haut einer 59-Jährigen. »Dabei bin ich doch erst 53«, schluchzte Sabine. Sie hat sich jetzt mit einem Vorrat aus unterschiedlichsten Cremes versorgt, Augenpflege, Serum, Booster,

Tages- und Nachtpflege, Masken, Emulsionen für den Hals, Feuchtigkeit für das Dekolleté.

Als aufgeklärte Journalistin kenne ich aus vielen Recherchen die Begrenztheit kosmetischer Wunderwaffen. Aber hin und wieder möchte auch ich einfach glauben, dass es ein Allheilmittel gegen das Verfallsdatum der Haut gibt. Dann kaufe ich eine Creme, die mehr kostet als das Jahresticket für den öffentlichen Nahverkehr in München. Weil ich allerdings der Ansicht bin, dass weniger nicht mehr *bedeutet*, sondern mehr auch wirklich mehr *ist*, gehe ich verschwenderisch mit der Creme um. Sie hält im Gegensatz zum Jahresticket höchstens eineinhalb Monate. Und dann? Nun ja.

Ich habe aber einen echten Geheimtipp, der sich vor allem im Ruhestand wunderbar umsetzen lässt: die Eigenfett-Behandlung. Ist simpel und preiswerter. Essen Sie kohlehydratreich – Schokolade, Schlagsahne, Erdnussflips, Sacher-Torte, Eisbomben, worauf immer Sie Lust haben. Und Sie werden es erleben: Ja, Sie nehmen zu, aber Ihre Haut sieht prall und glatt aus.

Es heißt ja immer, dass man sich ab einem bestimmten Alter entscheiden müsse, ob man Kuh oder Ziege sein will. Als Ziege ist man zwar dünn, hat aber eine Haut wie Dörrobst. Will ich also eine Kuh sein? Nein, ich finde die Bezeichnung Seehund ansprechender. Er ist rund, hat aber, falls Sie schon mal einen gesehen haben, eine spektakuläre, wie kurz vor dem

Zerreißen gespannte glatte Haut. Als würde er in einem Stützstrumpf stecken.

Das Gute am Älterwerden ist, dass es alle trifft. Und man garantiert an einen Punkt kommt, darüber nachzudenken, worum es im Leben wirklich geht. Bestimmt nicht ums Aussehen. Mich hat es mit Beginn des Ruhestands befreit, nicht mehr im ständigen Wettbewerb stehen zu müssen. Nicht mehr jeden Morgen im Kleiderschrank nach einem eindrucksvollen Outfit suchen und jede Falte als persönliche Herausforderung betrachten zu müssen. Können Sie sich vorstellen, wie wir Freundinnen uns vor Lachen biegen, wenn wir darüber reden, dass Hämorrhoidensalbe das beste Mittel gegen Krähenfüße ist? Und wie man das Babypuder wieder aus dem Haar bekommt, das angeblich besser sein soll als jedes Trockenshampoo? Oder dass wir uns mit Gummibärchen vollstopfen, weil sie mit Biotin, Mineralstoffen, Zink und Vitaminen für glänzende Haare und tollen Teint sorgen? Überhaupt, je dramatischer wir Freundinnen das Verschwinden unserer jugendlichen Schönheit besprechen, umso komischer werden wir dabei. Je älter wir werden, desto mehr müssen wir darüber lachen. Ich verrate Ihnen etwas: Es wird nie aufhören, dass wir uns Gedanken über unsere Schönheit machen. Ich werde im Hochsommer Handschuhe tragen, Gummibärchen für meine Haare futtern, mein Gesicht mit Hämorrhoidencreme einreiben. Und jeden hassen, der mit dem dummen Satz daherkommt: »Also Sie sehen wirklich noch toll aus!«

KAPITEL 12

Never forget your first revolution

Wissen Sie, was uns besonders alt wirken lässt? Tiefe, gemütliche Sessel und Sofas. Solche, in denen man versinkt wie in einem Schaumbad. Die Knie irgendwo auf der Höhe der Ohren. Man fühlt sich geborgen, als wäre man unversehens in den Mutterleib zurückgeschlüpft. Aber dann versuchen Sie mal aufzustehen. Ohne sich abzustützen. Ohne dabei so zu stöhnen, dass Ihnen sofort hilfreiche Hände entgegengestreckt werden. Nehmen Sie den Ruhestand nie wortwörtlich. Bleiben Sie unbedingt beweglich!

Was Sie deswegen auch vermeiden sollten: kleine und tiefergelegte Autos, aus denen man sich herauswindet wie ein Maulwurf aus seinem Bau. Verboten für uns Best Ager sind zudem diese praktischen, aber uncharmanten Kurzhaarfrisuren, zubetoniert mit Haarspray, bestimmte Beige-Töne, die den Teint wie ein ausgetrocknetes Flussbett aussehen lassen, um die Schultern drapierte madamige Stolas, zu enge

Lederhosen, nackte Oberarme, außer, sie sind durchtrainiert wie bei Renée Zellweger in ihrem Film über Judy Garland.

Ich zähle das nur auf, weil ich mich meistens 15 Jahre jünger fühle, als ich tatsächlich bin. Neulich sagte mir eine Frau, ich solle einfach meine Geburtsurkunde vernichten, man würde mir mein Alter sowieso nicht glauben. Ich hätte sie umarmen und küssen können. Dabei fühle auch ich mich gelegentlich leider auch uralt. Zum Beispiel, als ich vor Kurzem im Bus stand und mir eine Frau mittleren Alters ihren Platz anbot. Wäre es ein Mann gewesen, hätte ich mir noch einbilden können, es sei eine nette Anmache. Aber bei einer Frau kann ich das nur akzeptieren, wenn ich ein Gipsbein habe. Mein Verdacht: Diese Person wollte sich jünger machen, indem sie *mich* alt aussehen ließ.

Apropos Gipsbein ... Als ich beim Orthopäden meinen linken Fuß wegen diffuser Schmerzen untersuchen ließ, meinte er: »Das ist eine Arthrose. Damit müssen Sie in Ihrem Alter rechnen.« An solchen Tagen wird mir schlagartig klar, dass es dem Ende zugeht. Aber ich fände es eine Unverschämtheit, wenn ich jetzt schon abtreten müsste. Endlich habe ich mein Haus abgezahlt. Und so viele Jahre, wie das gedauert hat, möchte ich es doch noch genießen! Das wären rund 30 Jahre plus!

Biologen und Psychologen haben weltweit die Lebenskurve der Menschen untersucht und festgestellt: In der Jugend fühlen wir uns stark und zufrieden.

Ab Mitte 30 nimmt dieses positive Gefühl allmählich ab. Zwischen 40 und 50, im Zenit ihres Lebens, erleben viele Menschen ein Tief. Ein Freund erzählte mir, dass er sich an seinem 40. Geburtstag auf dem Höhepunkt seines beruflichen Erfolges gefühlt und dies mit einem rauschenden Fest und vielen Freunden gefeiert habe. Als er Tage später die Fotos von der Party anschaute, stellte er überrascht fest, dass er auf jedem Bild unglücklich aussah. Dabei habe er doch alles erreicht, was er sich vorgenommen hatte. Da hätte er zum ersten Mal das Gefühl gehabt, ein fremdbestimmtes Leben zu führen: »Ich war nicht ich selbst.«

Diese Sinnkrise in der Mitte des Lebens beschrieb auch der Schweizer Psychologe und Traumforscher C. G. Jung. Nach seinen Worten verbringen wir einen großen Teil unseres Lebens damit, den Erwartungen unserer Umwelt gerecht zu werden. Wir handeln anders, als wir fühlen. Das bedeute Stress und Spannung. Erst wenn die Außenwelt an Bedeutung verliere, wie das oft im Alter der Fall ist, könne man in sich hineinhorchen, um die verborgenen Potenziale der eigenen Persönlichkeit zu entfalten und zu verwirklichen.

Worauf man sich im Ruhestand, im Alter freuen kann: Es wächst die Überzeugung, das eigene Leben im Griff zu haben. Genau wie in der Jugend, als man sich gegen Kontrolle und Zwänge auflehnte. Wir Älteren lassen uns wie die Jungen nichts mehr vorschreiben. »Wir müssen das Alter neu denken. Und zwar radikal«, sagt Professor Klaus Rothermund, Altersforscher an der Uni in Jena. Die Zeit des Alterns biete unglaubliche Freiräume, weil wir dann Autonomie genießen könnten. Man könne sich im Alter eine gewisse Rücksichtslosigkeit leisten, weil man nicht mehr so sehr vom Wohlwollen anderer abhängig sei.

Was aus meinem Freund geworden ist, der sich mit 40 so unglücklich fühlte? Er kaufte sich Jahre später eine Harley-Davidson (ja, ein Klischee), beschloss, weniger zu arbeiten, und braust jetzt jedes Jahr glücklich mit seiner Maschine wochenlang durch Kalifornien.

Im Alter wird *alles* besser? Nicht ganz, denn das Gehirn lernt langsamer. Ich vergesse mündlich vereinbarte Termine sofort wieder, wenn ich sie nicht in meinem Handy speichere. Allerdings vergesse ich auch, wo ich mein Handy hingelegt habe. Ständig entfallen mir die Namen von Menschen, die ich erst vorgestern getroffen habe. Staunend verfolge ich, wie die Schwerkraft meinen Körper verändert. Alles scheint plötzlich zu sinken – die Haut, die Brust, die Nase, die immer länger wird. Dabei schrumpft man gleichzeitig, nur die Ohren werden seltsamerweise größer. Ich kann zwar noch wie früher Rock 'n' Roll tanzen, aber leider nicht mehr eine Nacht lang. Nach 20 Minuten brauche ich ein Sauerstoffgerät.

Und trotzdem möchte ich nicht mehr 17 sein. Ich stamme offensichtlich von Dänen ab. Obwohl es im Familienstammbaum diesbezüglich keine Hinweise gibt. Aber Gen-Forscher sagen, dass dort die glücklichsten Menschen wohnen und sich das im Erbgut beweisen lässt. Selbst wenn man an einem ganz anderen Ort aufwächst. Im Gegensatz zum naturtrüben Apfelsaft bin ich ein naturglücklicher Mensch.

Vielleicht liegt es an meiner Akzeptanz des Älterwerdens. Ich habe viel über diese letzte Lebensphase gelesen und bin auf durchaus erfreuliche Studien gestoßen. Die sagen übereinstimmend, dass man im Alter zwar langsamer denkt, aber dabei oft die besseren Lösungen findet. Und das ist noch nicht alles. Das räumliche Vorstellungsvermögen, die Fähigkeit, Gesetzmäßigkeiten zu erkennen, scheinbar Zusammenhangloses zu verknüpfen, all das verbessert sich mit den Jahren. Ich stelle mir mein Gehirn wie ein riesiges Archiv vor. Ich brauche keine Kristallkugel, um Menschen zu erkennen und zu verstehen. Ich verfüge über einen Schatz lebenslanger Erfahrungen. Man hört mir heute mehr zu als früher, legt Wert auf meine Meinung. Ist das nicht wunderbar?

Ich bin natürlich nicht ständig ein Glückskeks. Es gibt Tage, an denen sich die Melancholie wie ein kleiner Hund auf meinen Schoß kuschelt. Menschen, die ich liebe, leiden an Krankheiten, sterben. In manchen Nächten quäle ich mich mit dem Bewusstsein meiner eigenen Endlichkeit. Aber ich lasse solche dunklen Gedanken bewusst zu, weil ich am nächsten Morgen umso mehr das Gefühl der Lebendigkeit spüre und ich mir die aufregende Frage stelle: Was könnte ich alles noch machen?

Was mich besonders motiviert: Neue Studien zeigen, dass unsere Persönlichkeit einem lebenslangen Wandel unterliegt, sich der Charakter eines Menschen ab 60 noch einmal tiefgreifend verwandeln kann. Unser Gehirn gleicht einer Knetmasse. Diese Vorstellung gefällt mir: Unsere Persönlichkeit lässt sich immer wieder neu formen. Bislang habe ich mich nur als Journalistin, als Autorin gesehen. Vielleicht bin ich auch ein Zahlenmensch, ein wissenschaftliches Genie, ein Sprachen-Talent. Ich kann das jetzt im Ruhestand ohne Angst vor der Blamage ausprobieren. Wenn es mir nicht gefällt, höre ich einfach auf damit.

Neurobiologen sagen, dass neue Verbindungen zwischen den Nervenzellen geknüpft werden, sobald ein Mensch aus Gewohntem ausbricht. Ich kenne Rechtshänder, die deswegen immer wieder mit links schreiben. Andere lösen Sudoku-Rätsel, lernen Ungarisch oder ziehen im hohen Alter nochmals um. Wenn ich am Wochenende an den See fahre, suche ich immer neue Umwege, um meine grauen Zellen zu aktivieren. Ich verirre mich dabei auch, lande auf Feldwegen oder vor Kiesgruben, entdecke aber auch Unerwartetes. Zum Beispiel diesen großartigen Blumenladen in einem kleinen Dorf, dessen Namen ich leider vergessen habe. Ich hoffe, ich finde ihn wieder.

Was wir Älteren von den Jüngeren lernen können: Sich für neue Ideen zu begeistern. Pläne über den Haufen zu werfen, weil man einen besseren gefunden hat. Als Teenager wollte ich Psychologin werden, doch als ein Verleger meine Beiträge in der Schülerzeitung las, bot er mir ein Praktikum an. So wurde ich Journalistin und habe so viel über Menschen gelernt, dass ich mir jetzt überlege, ein Lust-Studium zu beginnen: Psychologie.

Leider hat das Alter ein Imageproblem. Wir assoziieren es mit Gebrechlichkeit und Hilflosigkeit. Zwar sind mehr als zwei Drittel der über 65-Jährigen in Deutschland mit ihrem Leben zufrieden, aber viele Senioren ziehen sich in ein Schneckenhaus zurück. Sie glauben, dass sich niemand mehr für sie interessiert, speziell Frauen wollen auch niemandem zur Last fallen.

Was können wir tun, um in der zweiten Lebenshälfte Zufriedenheit und Erfüllung zu finden? Positiv denken! Das Nachrichtenmagazin Focus veröffentlichte eine Studie der amerikanischen Yale-Universität: Wer dem Alter positiv gegenübersteht, lebt durchschnittlich siebeneinhalb Jahre länger im Vergleich zu Menschen, die in späten Jahren nichts Gutes erwarten. Diesen Effekt beobachteten die Wissenschaftler unabhängig von Geschlecht, Gesundheit, Alter oder Beziehungsstatus der Befragten.

Die mögliche Erklärung: Fürchten wir uns vor etwas, löst dies in unserem Körper unwillkürlich eine Stressreaktion aus. Hormone werden ausgeschüttet, die die Selbstheilungskräfte des Immunsystems unterdrücken.

Den »Positivitätseffekt des Alters« können wir aktivieren. Mit welchen Erinnerungen verbinden Sie gute Gefühle? Stellen Sie sich Ihr Inneres wie eine Zwiebel vor, die Sie schälen. Manchmal kommen Ihnen dabei vielleicht die Tränen, aber am Ende stoßen Sie auf Ihren wahren Kern. Das kann für Sie zu einem magischen Erlebnis werden und Sie inspirieren, sich in späten Jahren noch einmal für Neues zu entscheiden. Vielleicht hilft Ihnen dabei auch die Erinnerung an Ihre Kindheit. Wer oder was wollten Sie damals sein? Huckleberry Finn oder Pippi Langstrumpf? Wollten Sie Schauspieler oder Astronautin werden? Was gärt noch in Ihnen? Mit wem hätten Sie in Ihrem Leben leidenschaftlich gern getauscht? Welches Buch, welche Musik hat Sie nachhaltig verändert? Und was würden Sie heute Ihrem jüngeren Ich raten?

Vielleicht bringen die Antworten auf diese Fragen Sie zu Ideen, wie Sie Ihr Leben noch einmal verändern können. Vielleicht hilft es Ihnen, Ihre Gedanken durch Schreiben oder Malen sichtbar zu machen. Es geht nicht darum, etwas zu erschaffen, sondern Dinge zu erfahren.

An meinem 65. Geburtstag bekam ich ein Schild geschenkt, es trug die Aufschrift »Never forget your first revolution«. Vergiss niemals, wofür du einmal gebrannt hast. Glauben Sie mir, es ist nie zu spät, sein Leben zu ändern. Denn das ist das Einzige, was uns wirklich jung hält. Wir sind nur so alt, wie wir uns fühlen.

KAPITEL 13

Sechs Blazer

Beim Aufräumen stelle ich fest, dass in meinem Kleiderschrank sechs schwarze Blazer hängen. Alle ziemlich ähnlich, allerdings in verschiedenen Größen, von 38 bis 48. Das liegt an meinem Körper, der sich wie Ebbe und Flut verhält. Mal steigt das Gewicht, mal fällt es wieder.

Warum bin ich nicht Profiboxerin geworden? Dann hätte ich vom Fliegengewicht (50,802 kg) bis zum Leichtgewicht (61,235 kg) oder Mittelschwergewicht (72,574 kg) abwechselnd in sechs verschiedenen Gewichtsklassen antreten können.

Ich habe, um es optimistisch auszudrücken, eine sehr flexible Figur. Deswegen brauche ich eine Auswahl an schwarzen Blazern, damit nicht jeder mitbekommt, wie ich von einer Gewichtsklasse in die nächste wechsle.

Schlanke Menschen gelten automatisch als diszipplinierter, während jene mit einem ausdrucksstarken Körper gern als gemütlich bezeichnet werden. Ich kann aus meiner aktiven Zeit als Chefin berichten, dass mir Kollegen nachmittags erst einen Kuchen auf den Schreibtisch stellten, bevor das Manuskript folgte. Ich sei dann umgänglicher, lautete der Flurfunk. Es stimmt ja auch. Wenn man ein Sahnebaiser auf der Zunge zergehen lässt, breitet sich automatisch ein Lächeln im Gesicht aus. So kann man das Arbeitsklima auch beeinflussen.

Diese Kuchen sind eine von vielen Erklärungen für mein schwankendes Wohlfühlgewicht. Ein Thema, das mich lebenslang begleitet, aber nie wirklich belastet hat. Höchstens mein Konto, wenn mal wieder ein neuer Blazer notwendig wurde.

Frauenzeitschriften, für die ich auch verantwortlich war, predigen seit Jahrzehnten ununterbrochen gegen den Schlankheitswahn. Man solle sich mit seinem Körper anfreunden, ihn akzeptieren, wie Gott ihn geschaffen hat. Nun, ich bin mir nicht so sicher, ob Gott gewollt hat, dass ich in manchen Phasen meines Lebens japanische Designer bevorzugen musste, weil deren Kleider und Mäntel auch als Outdoor-Zelte funktionieren. Wenn ich morgens meine Jeans kaum zubekomme, weil ich an drei Abenden hintereinander Spaghetti gegessen habe, fällt es mir wirklich schwer, meinem Körper munter zuzurufen: »Ach, mein Lieber, ich mag dich so, wie du bist!«

Ich bin davon ausgegangen, dass mein Gewicht im Ruhestand keine Bedeutung mehr spielt. Ab 70 wird man wohl kaum mehr zu einem Bikini- oder

Wet-T-Shirt-Contest eingeladen. Vorbei auch die Etat-Besprechungen, Kunden-Gespräche oder Interviews, bei denen man *bella figura* machen muss. Als Rentnerin, so meine Vorstellung, würde Schluss sein mit den Diäten, dem Fasten, dem morgendlichen Wiegen. Endlich essen, worauf ich Lust habe! Auch um Mitternacht mal die Familienpackung Eis. Und bitte mit Sahne.

Wie man sich irren kann! Seit meine beste Freundin mit 74 Jahren durch Intervallfasten 25 Kilo abgenommen hat, ist das Thema Diäten im Kreis meiner Freundinnen wieder hochgekocht. Es geht zu, als wäre ein Bär in einem Bienenstock eingebrochen. Die Stimmen summen und schwirren durcheinander. Wie hat sie das geschafft? Ist sie krank? Hat sie sich Fett absaugen lassen? Den Magen verkleinert? Verbotene Diät-Pillen eingeworfen? Jeden Tag drei Stunden Gewicht gehoben?

Leider nein. Sie hat sich einfach mit eiserner Disziplin an den neuen Trend, das Intervallfasten im 16-Stunden-Takt, gehalten. Von 18 Uhr bis 10 Uhr morgens wird nichts gegessen. Und das in ihrem Alter.

Ich war dabei, als sie morgens auf die Uhr schaute und auf die Minute genau Punkt 10 Uhr das erste Brötchen in den Mund schob. Mit 76 hat sie sich jetzt um drei Kleidergrößen reduziert und sieht einfach großartig aus. Sie befindet sich gerade in einem Kleiderrausch, zieht sich so exzentrisch-exotisch an, dass ihr wildfremde Menschen auf der Straße Komplimente zuwerfen. Und nein, sie wird nicht rückfällig, sie hält ihre 16-Stunden-Diät ein, als hätte sie ein Gelübde abgelegt. Uns andere hat sie damit in tiefe Depressionen gestürzt. Wir wollen jetzt auch alle gut in Form sein. Ein Wettstreit über die beste Diät ist ausgebrochen. Am liebsten besprechen wir das in unserer Lieblingskneipe, wo wir bei Bratkartoffeln mit Quark die Vorzüge einer kalorienarmen Ernährung diskutieren. Leider wird es dabei sehr spät. Es ist Mitternacht, und wir dürften erst um 16 Uhr wieder etwas zu uns nehmen. Wer hält das schon aus?

Sehnsüchtig denke ich an die Zeit zurück, als ich vor Jahren, viel jünger, mit meiner besten Freundin eine gemeinsame Diät beschloss. Jeden Morgen auf dem Weg zur Arbeit haben wir uns gegenseitig streng examiniert, ob das Programm eingehalten wurde.

Sie zu mir: »Gesündigt?«

Ich: »Nein, und du?«

Sie: »Nein.«

Kurzes Schweigen, dann von ihr leicht zögerlich: »Also doch, ein halbes Brötchen mit Mettwurst.«

Ich unter dem Druck dieser Ehrlichkeit: »Wenn das so ist, ich habe ein Vanillekipferl gegessen.«

Sie: »Wenn wir schon ehrlich sind, bei mir war es das ganze Brötchen.«

Darauf ich: »Bei mir zwei Vanillekipferl.«

Jetzt hatte sie mich am Haken: »Wo hattest du die Kipferl her?«

Ich, sehr verschämt: »Ich habe es nicht ausgehalten und heute Nacht gebacken.«

Sie: »Wo sind die jetzt alle?«

Ich: »In meinem Magen.«

Sie, ziemlich erleichtert: »Ich habe *zwei* Mettwurstbrötchen gegessen.«

Jetzt verstehen Sie, warum ich Blazer in mehreren Größen brauche.

Natürlich hätte ich Lust, hin und wieder meine Hände um den nun schlanken Hals der Intervallfasterin zu legen und zuzudrücken. Nichts ist anstrengender als jemand, der gerade eine erfolgreiche Diät absolviert hat. Die Körpersprache verändert sich – durchgedrückter Rücken, federnder Schritt, Kinn nach oben und dazu der leicht entrückte Blick, der indigniert auf meiner Hand ruht, wenn diese zufällig in die Schale mit den Cashewnüssen greift. Die hat sie übrigens früher auch gern gegessen, aber jetzt betrachtet sie solche Knabbereien wie in Arsen getauchte Plätzchen.

Als Karl Lagerfeld in nur einem Jahr 42 Kilo abnahm, sagte er zu mir: »Ich schwebe jetzt nur noch.« Da war er auch schon 69 Jahre alt.

Was lernen wir daraus? Zum Abnehmen ist es nie zu spät. Die Eitelkeit bleibt, egal ob man 17 oder 70 ist. Mit dem Unterschied, dass man als Rentnerin nicht mehr die Ausrede hat, man sei eine Stress-Esserin. Und das Abnehmen wird mit den Jahren schwerer. Früher waren nach einem Wochenende Fasten und Disco drei Kilo weg. Wenn ich heute mit Mühe und Not ein oder zwei Kilo abnehme, tauchen sie garantiert als Ausstülpungen an den unwahrscheinlichsten Stellen meines Körpers wieder auf. Am Rücken, im Nacken, sogar das Knie wird runder.

Ich habe aber eine noch viel bessere Ausrede: Das wirkliche Problem beim Abnehmen sind die anderen. Die Rundlichen, die dir sagen: »Das ganze Hungern ist schlecht für die Gesundheit.« Oder die anderen, die dünnen Klappergestelle, die allen Ernstes behaupten: »Wo willst du was abnehmen, du bist doch nicht zu dick?« Von den Reichen, heißt es, kann man das Sparen lernen. Von den Dünnen das Abnehmen. Eine meiner superschlanken Freundinnen, die unter 50 Kilo wiegt, sich aber im Stretchkleid wie ein Wal vorkommt, behauptet: »Ich esse ganz normal.« Tatsächlich bestellt sie sich große Portionen und schaufelt ihre Gabel beim ersten Bissen voll. Um dann im angeregten Gespräch das Essen unauffällig mit Messer und Gabel brutal zu zerkleinern. Als wäre sie auf der Suche nach atomaren Molekülen, die dann diskret unter ein Salatblatt geschoben werden.

Bei meinen diversen Diäten wurde ich nach den ersten vier oder fünf abgenommen Kilos von allen Seiten gewarnt: »Du, jetzt reicht es aber. Du siehst echt angegriffen aus.« In dieser Phase bloß nicht aufgeben. Erstens, weil Mediziner versprechen, dass jedes Kilo weniger ein Jahr mehr Leben bedeutet. Und ich will sehr alt werden. Außerdem wird man für nichts mehr bewundert als fürs Abnehmen. Dafür wird man bestaunt und beklatscht, als hätte man den alternativen Nobelpreis gewonnen. Brauchen Sie ein Erfolgserlebnis? Warten Sie bis 16 Uhr.

KAPITEL 14

Ab wann ist man alt?

Ich liebe die weitläufige Treppe vor dem Münchner Nationaltheater. Nach jeder Vorstellung wird sie zur Bühne, auf der sich das Publikum noch mal selbst in Szene setzt. Man gibt sich kulturbeflissen, plaudert mit Bekannten, genießt den Blick über den schönen Platz. Und dann schreitet man anmutig die 13 Stufen hinunter. Oder demonstriert jugendlichen Schwung, nimmt zwei Stufen auf einmal. Leider musste ich in letzter Zeit den unauffälligen seitlichen Abgang an der Wand wählen, um mich am Geländer festhalten zu können. Ich weiß, es wirkt fast schon greisenhaft, wie ich da Stufe für Stufe vorsichtig runtertappe, aber ich habe seit Kurzem diese Angst, zu fallen. Kleine Hinweise, die mir mal wieder klarmachen, dass ich älter werde. Auch wenn ich mich nicht so fühle!

Ich kann nicht oft genug betonen, wie überrascht ich immer bin, wenn ich mein Geburtsjahr im Personalausweis überprüfe. Mein biologisches und mein gefühltes Alter stimmen einfach nicht überein. Ich sollte es wie einige meiner Freundinnen machen, die ihren Geburtstag grundsätzlich nicht feiern, damit erst niemand auf die Idee kommt, nachzurechnen. Das klappt, sie haben inzwischen einen alterslosen Zustand erreicht. Auch wenn Lästerzungen gelegentlich behaupten: »Die muss doch bald über achtzig sein!«

Ich dagegen habe meinen Sechzigsten mit Pauken und Trompeten gefeiert. Und kam gar nicht auf die Idee, mein Alter zu verschleiern. Warum auch? Ich platzte vor Energie, mein Vertrag war gerade verlängert worden, alt waren die anderen, nicht ich.

Meinem 70. Geburtstag wiederum habe ich mit wissenschaftlicher Neugier entgegengesehen. Inzwischen im offiziellen Ruhestand, glich mein Leben noch immer einem atemlosen Wettlauf. Ich arbeitete weiter, schrieb Bücher, reiste, feierte. Und nahm an, dass sich das nicht ändern würde.

Doch der 70. Geburtstag entspricht einer Demarkationslinie zwischen vorher und nachher. Ob du willst oder nicht, du überschreitest eine unsichtbare Grenze. Du betrachtest dich im Spiegel, suchst nach Falten und Krähenfüßen, aber da ist nichts. Oder fast nichts. Du könntest glatt noch für zehn, sogar 15 Jahre jünger durchgehen. Und trotzdem fühlst du dich als Außenseiterin, weil du nicht mehr verdrängen kannst, auf die 80 zuzusteuern. Das ist eine Zahl, mit der man sich nur schwer anfreunden kann. Danach wartet nur noch der Rollator. Wenn du bei Altersangaben mit einer Sieben beginnst, gehörst du nicht mehr zum Klub der Jungen. Du stellst plötzlich fest, dass die Gesichter im Fernsehen immer jünger werden. Du beginnst zu rechnen, wie viele Weihnachten du noch erleben wirst. Dir wird bewusst, dass deine gleichaltrigen Freunde beim Abendessen am liebsten über Krankheiten sprechen. Die Bank erklärt dir, dass man in deinem Alter keinen Kredit mehr bekommt, weil man nicht weiß, ob du lange genug lebst, um das Geld zurückzuzahlen.

Der Sohn einer meiner Freundinnen hat sich angewöhnt seine Mutter nach ihrem Namen zu fragen, wenn sie stolpert und hinfällt. Auf ihre ärgerliche Rückfrage, was das soll, erwiderte er: »Du bist jetzt in einem Alter, wo man leicht einen Schlaganfall bekommen kann. Ich teste doch nur, ob du noch weißt, wer du bist.«

Man muss sich auch an Komplimente gewöhnen, wie »Du siehst aber noch großartig aus«. Nett gemeint, aber die vergiftete Botschaft lautet: Du kannst mir nichts vormachen, ich weiß, wie alt du bist!

»Mutter Natur ist eine miese Verräterin«, beschwert sich die französische Stilikone Caroline de Maigret in ihrem Buch »Older, but better, but older«. Es sei ungerecht, dass Männer und Frauen unterschiedlich altern, schreibt sie in dem Stilratgeber übers Älterwerden. Das Leben wäre besser, wenn für beide die gleiche biologische Uhr ticken würde. Frauen seien nicht nur dem Naturgesetz ausgeliefert, sondern auch dem Druck der Gesellschaft. Männer würden mit grauen Schläfen als besonders sexy gelten,

Frauen dagegen als uninteressant. Die Autorin ist gerade 45 Jahre alt geworden. Ich würde ihr gerne zurufen: » Meine Liebe, warte ab, bis du in mein Alter kommst!«

Natürlich müssen wir uns mit einigen lästigen Alterserscheinungen auseinandersetzen. Das Knie tut weh. Die Haare werden dünner. Ich habe mir angewöhnt, beim Verlassen des Hauses immer eine Visitenkarte dabeizuhaben. Damit man mich identifizieren kann, falls ich unterwegs einen Herzinfarkt erleide. Und ganz unter uns: Ich achte auch auf korrekte Unterwäsche, weil meine Tante Fritzi mich oft genug vor der peinlichen Situation warnte, wenn man zusammenbricht und im Krankenhaus ausgezogen wird. Was für eine Schande, wenn man darunter nicht tipptopp aussieht!

Und trotzdem möchte ich keinen Tag jünger sein. Auch wenn sich auf meinen Beinen Altersflecken wie Löwenzahn auf der Frühlingswiese vermehren und ich deswegen nur noch bodenlange Kleider trage. Was wiederum die Gefahr des Stolperns über den eigenen Saum erhöht. Aber glauben Sie mir, all den kleinen und großen Einschränkungen, die das Älterwerden mit sich bringt, stehen eine neue Gelassenheit und große Zufriedenheit gegenüber.

Ich werde oft gefragt, wie es mir nach meinem früheren, so aufregenden Leben nun im Ruhestand geht. Ich sehe dann schon den versteckten mitleidigen Ausdruck in den Augen der Fragesteller. Wie erstaunt sie sind und es nicht glauben können, wenn ich versichere, dass ich keinen Tag jünger sein möchte! Nun ja, das ist etwas übertrieben, ich wäre gern noch einmal 30, aber mit den Erfahrungen einer 70-Jährigen. Denn das Privileg des Alterns ist, nicht mehr so vieles im Leben zu wollen und zu erhoffen. Ich habe ja das meiste gehabt und erlebt, wovon ich vor 40 Jahren geträumt habe. Ich kann es nicht anders beschreiben: Ich wache heiter auf, gehe zufrieden ins Bett.

Ex-Model und Hollywood-Star Isabella Rossellini bringt es auf den Punkt. Sie ist 68 Jahre alt, lebt mit Hühnern, Schafen und Hunden auf einer Farm in den Vereinigten Staaten und trauert ihrer glanzvollen Karriere nicht eine Sekunde nach: »Das Altern bringt viel Glück. Du wirst rundlicher – aber entdeckst die Freiheit.«

Ich musste erst 70 werden und im Ruhestand sein, um diese Freiheit auszukosten. Wie oft habe ich mich fremdbestimmt gefühlt. Was ich für Rücksichtnahme hielt, war eher die Scheu vor unangenehmen Situationen. Also habe ich mich mehr nach den Interessen anderer gerichtet, als laut und deutlich auszusprechen, was ich eigentlich will. Ich habe mich verstellt, um die Frau zu sein, die andere in mir sehen wollten. Beziehungsweise versucht die Frau zu sein, von der ich wollte, dass andere sie in mir sehen. Eine Mischung zwischen Angela Merkel und Mutter Teresa. Erfolgreich, aber auch bis zur Selbstaufopferung hilfsbereit. Warum hat es so lange gedauert, bis ich mich von diesem selbst auferlegten Erwartungsdruck befreien konnte?

Wissenschaftler vermuten, der Grund für Glück im Alter könne sich in den archaischen Strukturen unseres Gehirns verbergen. Der »Mandelkernkomplex« ist eine Art Angstzentrum unseres Körpers, das auf Stresshormone reagiert. In Versuchsreihen wurde festgestellt, dass diese Gehirn-Areale bei jüngeren Menschen sehr aktiv auf Bilder reagieren, die negative Emotionen wecken. Fotos von Katastrophen zum Beispiel. Bei den älteren Probanden dagegen regte sich dabei in diesem Mandelkernkomplex wenig bis gar nichts. Das hat den Vorteil, dass wir im Alter gelassener mit Emotionen umgehen können. Wir regen uns einfach nicht mehr so leicht auf. Unser Gedächtnis beschäftigt sich ebenfalls lieber mit positiven Dingen und schiebt Unangenehmes beiseite. Das sind die Vorzüge des Alters – wobei wir natürlich nicht *alle* Sorgen und Ängste aus unserem Alltag verbannen können. Angesichts der Katastrophen, die man in den Nachrichten sieht, fällt es manchmal schwer, sich die Welt schönzureden. Aber mir hilft eine optimistische Grundeinstellung. Dazu gehört, dass ich bewusst Hässliches ausblende. Bei brutalen Szenen im Fernsehen sehe ich nicht hin. Ich möchte mein Bewusstsein nicht mehr durch grausame Bilder vergiften. Ich leugne nicht die Wirklichkeit. Aber ich zähle mich zu den Menschen, für die das Glas halb voll und nicht halb leer ist. Positives Denken kann man durchaus trainieren. Jeder von uns entscheidet selbst, wie er das Leben wahrnimmt. Es ist eine Frage der persönlichen Einstellung.

Ich ertappe mich zum Beispiel dabei, dass ich mit meinem Alter kokettiere. Ein kleiner Seufzer, ein hilfloser Blick, und schon hievt ein netter Passagier im Flugzeug meinen Koffer nach oben in die Ablage. Man trägt mir meine Einkaufstüten zum Auto und stellt sich für mich am Büfett an. Die jungen Herren überschlagen sich, mir zu helfen. Reifen Damen begegnet man in der Regel mit mehr Höflichkeit. Das sollte man genießen, wenn man sich früher wie eine Amazone durch das Berufsleben kämpfen musste.

Das Alter hat so viele Vorzüge! Den Humor zum Beispiel. Die britische Autorin Diana Athill hat mit 93 Jahren ein großartiges Buch über das gute Leben im Alter geschrieben. Seitdem weiß ich, dass Sex und Liebe auch im Alter ein Thema sind. »Es ist keine Sünde, die Haut abzustreifen und als Gerippe zu tanzen«, zitiert sie einen Text des Songwriters Edgar Leslie.

Es ist nie für etwas zu spät. Höchstens für einen Hund. Im Park treffe ich eine Bekannte, die mir unter Tränen erzählt, dass ihr alter Labrador gestorben sei. Ich versuche, sie zu trösten, schlage vor, einen neuen Hund anzuschaffen. Sie schüttelt den Kopf, sagt, sie sei jetzt 75 und zu alt für einen jungen Hund. Wenn sie vor ihm sterben würde, was sehr wahrscheinlich sei, müsste sie ihn allein zurücklassen. Das ist ein Gedanke, der mich als Hundebesitzerin, die noch nie ohne Hund gelebt hat, beim Älterwerden wirklich beunruhigt: Was, wenn ich zu alt für einen jungen Hund wäre? Und wenn ich diese Überlegung einfach umdrehe? Bin ich zu jung für einen alten Hund aus dem Tierheim? Das wäre doch auch eine Lösung.

Kann ich mich auf Hermann Hesse verlassen? Der 85-jährige Schriftsteller und Literatur-Nobelpreisträger versprach in seinen Betrachtungen über das Alter: »Mit der Reife wird man immer jünger.« Mal sehen.

KAPITEL 15

Was bleibt, was muss weg?

Eine Schauspielerin aus meinem Bekanntenkreis verlässt ihre Wohnung immer so, als würde sie nie wieder zurückkehren. Selbst wenn sie nur um die Ecke zum Supermarkt geht. Alles penibel aufgeräumt, die Betten gemacht, der Müll entsorgt, Dokumente und Bankverbindungen griffbereit auf der Kommode. In unserem Alter – sie ist Mitte 70 – muss man mit allem rechnen, meint sie.

Falls ihr unterwegs etwas zustößt – Herzinfarkt, Ziegelstein auf den Kopf –, ist alles geregelt. Die Nachwelt soll keinen falschen Eindruck von ihr haben. Eine Art Berufskrankheit, denn als prominente Frau ist sie es gewohnt, auf ihr Image zu achten. Das geht auch über den Tod hinaus, sie hat alles weggeworfen, was zu privat und zu intim ist. Vom Liebesbrief bis zu den Röntgenaufnahmen für eine Zahn-OP. Was ihr wichtig sei, hat sie mir erklärt, habe sie sowieso im Kopf.

Bei mir ist es genau umgekehrt. Erinnerungsstücke sammeln sich wie Treibholz an der Küste meines

113

Lebens an. Sie verstopfen Regale, Schubladen, Keller, Garage. Ich leide unter chronischer Unfähigkeit, etwas wegzuwerfen. Es ist die mildere Form des Messie-Syndroms. Sie wissen schon, das sind Menschen, die ihre Wohnung in eine Mülldeponie verwandeln. Ganz so schlimm ist es bei mir nicht, aber Sie müssten mal sehen, was sich allein auf meinem Schreibtisch angesammelt hat: eine Schachtel mit bunten Geldscheinen aus Asien, alle längst ungültig. Ein Stein von einem griechischen Strand. Ein Kaffeebecher mit dem Bild von Lady Di und Prinz Charles anlässlich ihrer Hochzeit, die auch schon vor mehr als 40 Jahren stattfand. Daneben ein Porzellan-Mops, dem eine Pfote fehlt. Ich habe sie aufgehoben, weiß aber nicht mehr, wo. Außerdem eine zerkratzte Designer-Sonnenbrille, ein Lippenstift ohne Hülle, ein einzelner Ohrring, ein abgerissenes Ticket für die Fähre von Livorno nach Elba. Warum hebe ich das alles auf?

Vielleicht, weil diese Erinnerungsstücke wie ein roter Faden sind, der durch mein Leben führt. An dem ich mich rückwärts in die Vergangenheit hangele, um zu verstehen, was mich geprägt und zu dem Menschen gemacht hat, der ich heute bin. Früher ist es mir auf die Nerven gegangen, wenn alte Menschen von früher sprachen. Heute kann ich das verstehen. Ich denke auch lieber rückwärts als vorwärts. Die Zukunft ist eine vage Sache, wenn man regelmäßig Todesanzeigen liest und feststellt, wie viele sterben, die weitaus jünger waren, als man selbst ist.

Lieber besuche ich meine Vergangenheit. »Egal, was auch passiert, niemand kann dir die Tänze nehmen, die du schon getanzt hast«, schrieb der von mir verehrte kolumbianische Schriftsteller Gabriel Garcia Marquez.

Deswegen werde ich mich auch nie von einer handschriftlichen Karte von Karl Lagerfeld trennen, die mit den Worten beginnt: »Liebste Patricia«. Sie erinnert mich an eine außergewöhnliche Freundschaft. Ich war oft bei dem berühmten Designer privat eingeladen, und er hat mich immer inspiriert. Wie er stapele ich zum Beispiel meine Bücher übereinander. Und habe nie seinen Ratschlag vergessen, dass man beim Einrichten die Farben von draußen nach drinnen holen sollte. Bei ihm war es das elegante Taubengrau der Pariser Häuserfassaden, das sich in seiner Wohnung am Quai Voltaire widerspiegelte.

Was fängt man mit einem abgelaufenen Pass an? Ich blättere ihn manchmal durch, schaue auf die vielen Visa-Stempel und staune immer noch, wie mutig ich vor mehr als 40 Jahren war. Mehrmals bin ich allein nach Asien geflogen, mit wenig Gepäck und noch weniger Geld. Zur Erinnerung: Es gab damals kein Handy, und ich hatte keine Kreditkarte, nur einige Reiseschecks. Ich schlief in Unterkünften, von denen manche nur einen Dollar die Nacht kosteten. Was ich unterwegs über mich gelernt habe? Wie gut ich allein sein kann. Seit damals beginnt für mich Massentourismus ab zwei Personen.

Natürlich habe ich auch die Tagebücher aufgehoben, die ich als junges Mädchen geführt habe. Aus einer Distanz von mehr als einem halben Jahrhundert liest sich vieles sehr naiv. Mein Weltschmerz damals, das Gefühl von niemandem verstanden zu werden. Aber ich erkenne mich auch in vielem wieder, der Wunsch zu schreiben, Schriftstellerin oder Journalistin zu werden.

Aber wen interessiert das noch, wenn ich einmal nicht mehr bin? Will ich wirklich, dass dies alles von Menschen gelesen wird, die mich nicht oder kaum kannten? All die Kleinigkeiten, die mir so viel bedeuten, die aber nur einen rein ideellen Wert haben – irgendjemand wird sie später kopfschüttelnd in den Müll werfen.

Einmal habe ich selbst ein Haus mit kompletter Einrichtung übernommen. Es gehörte einem älteren, verstorbenen Ehepaar, dessen Sohn das Haus loswerden wollte. Er verkaufte es mir unter der Bedingung, dass er nichts ausräumen musste.

Natürlich hatte ich keine Ahnung, was für Arbeit es bedeutet, ein Haus leer zu räumen. Und wie traurig es ist, Dinge in der Hand zu halten, die durch das Verschwinden ihrer Besitzer für immer nutzlos geworden sind.

An der Garderobe hingen Mäntel, auf dem Tisch lag ein Spitzendeckchen, in den Schubladen befanden sich Briefe und Rechnungen. Im Küchenschrank entdeckte ich bunte Steingut-Teller, wie man sie auf Märkten in italienischen Urlaubsorten findet.

Das rührte mich genauso wie die Einmachgläser mit selbst gemachter Erdbeermarmelade, die liebevoll mit Datum beschriftet waren. Nichts in diesem Haus entsprach meinem Geschmack, aber alles trug Spuren eines vergangenen Lebens. Es fiel mir schwer, irgendetwas wegzuwerfen, was anderen Menschen einmal viel bedeutet hatte. Wie die altmodischen Sessel mit Fransen oder die Schiffsglocke am Eingang.

Als ich das Haus einige Jahre später wieder verkaufte, nahm ich die Steingut-Teller mit. Und auch die Fotoalben, die ich gefunden hatte, obwohl ich niemanden auf diesen Bildern kannte. Ich brachte es nicht übers Herz, sie zu entsorgen. Es wäre mir wie ein Verrat vorgekommen. Als würde ich dadurch die Erinnerungen an diese Menschen für immer auslöschen.

Ich bin nicht esoterisch veranlagt, aber all diese Dinge, die wir im Laufe des Lebens ansammeln, die keinen materiellen Wert haben, sagen etwas über uns aus. Vielleicht sind sie deswegen auch im Alter wichtig, weil sie wie ein Haltegriff funktionieren, wenn vieles im Nebel von gestern zu verschwinden droht. Deswegen fische ich aus dem Papierkorb wieder alte Liebesbriefe und Fotos meiner Großeltern heraus, die für niemanden außer für mich eine Bedeutung haben.

Aber man muss nicht alle alten Tickets aufheben, die ein Beweis dafür sind, wie oft man unterwegs war. Ausmisten ist wie durchlüften. Warum die alten Schulzeugnisse für die Ewigkeit bewahren, die daran erinnern, was für schlechte Noten ich hatte? Die soll auch niemand finden, falls ich es bin, die nicht mehr nach Hause kommt. Also weg damit. Aber die Karte von Karl Lagerfeld, die bleibt.

KAPITEL 16

Wer hält meine Grabrede?

Zu den unbestreitbaren Freuden des Älterwerdens gehört das Abfassen von Testamenten. Bevor Sie jetzt reflexartig bedrückt schauen und mir zurufen »Das hat doch noch Zeit!«, verrate ich Ihnen etwas: Es ist sehr befriedigend, sich mit der Verteilung seines Besitzes zu beschäftigen. Man schwankt zwischen dem Wunsch, großzügig zu sein, oder jemanden nachträglich wissen zu lassen, was man in Wahrheit von ihm gehalten hat.

Sprechen wir es offen aus: Es handelt sich um die letzte Abrechnung, im guten wie im bösen Sinne. Wer hat mir wirklich etwas bedeutet? Wer war für mich da? Und wer nicht? Man vertieft sich in Erinnerungen, analysiert Beziehungen, denkt darüber nach, wem man noch etwas schuldet, bei wem man sich bedanken möchte. Da fällt mir spontan mein Patensohn ein, der sich am Anfang der Corona-Krise sofort angeboten hat, für mich einkaufen zu gehen. Seine Aufmerksamkeit ist nicht gespielt, er ruft mich oft an, fragte, wie es mir geht, ob er mich besuchen kann.

Ich habe eine lange Liste von Menschen im Kopf, die aus unterschiedlichen Gründen von mir bedacht werden sollten. Oder auch nicht.

Das führt unter Umständen zu einer Testaments-Tabelle, die – heiter ausgedrückt – wie die Bundesliga funktioniert. Man kann auf- oder absteigen. Wie ein altes Sprichwort schon sagt: Jeder ist der Erbe seiner Taten!

Eine ältere Fotografin aus meinem Bekanntenkreis ist viel unterwegs und aktualisiert ihr Testament vor jeder Reise. Der Freundeskreis bekommt das mit, weil alle wissen, dass sie mehrere Versionen ihres Testaments im Arbeitszimmer an die Pinnwand gehängt hat. Vollgekritzelt mit Bemerkungen, mit Namen, die gestrichen oder neu hinzugefügt wurden. Dazu Zettelchen mit Notizen, was sie an wen und warum einmal verteilen möchte. Es geht nicht um ein Vermögen, aber um Herzens-Dinge, die ihr wichtig sind. Ihre Bücher, Bilder, verschiedene Sammlungen. Die große Frage unter ihren Freunden lautet: Wie ist der aktuelle Stand ihres Testaments?

Findet eine Einladung bei ihr statt, wird einer aus dem Freundeskreis unauffällig ins Arbeitszimmer geschleust, um mögliche Veränderungen zu überprüfen. So erfuhr Erich, dass nicht mehr *er* die Kunstbände erben würde, sondern Franca. Und dass die Hut-Sammlung, die Franca eigentlich bekommen sollte, nun an Nicole geht, während Alexandra den schicken Midcentury-Lüster bekommen sollte, den sich eigentlich alle im Freundeskreis heimlich gewünscht hätten.

Über die Gründe dieser tektonischen Verschiebungen kann nur gemutmaßt werden. Hatte man sich nicht genügend um die Katzen der Gastgeberin gekümmert? Vergessen, ihr zum Geburtstag zu gratulieren?

Aber beim nächsten Besuch kann das auch schon wieder ganz anders aussehen. Dann kleben neue Zettelchen mit Anweisungen auf dem Testament, das immer mehr einem Wanderpokal gleicht.

Ich kann das sehr gut nachvollziehen. Ein Testament ist auch immer ein Blick zurück. Je älter wir werden, umso intensiver denken wir über unser Leben nach. Und das sind nicht nur positive Gedanken. Hätte man sich bei dieser oder jener Person nicht großzügiger verhalten können? Zum Beispiel bei dem Freund, der mich um Geld anpumpte und bei dem ich mich herausredete, ich hätte gerade selbst finanzielle Sorgen.

Die Designer-Tasche, die eine Freundin so sehr bewunderte – warum habe ich sie ihr nicht einfach geschenkt? Ich habe genug Taschen und kann keine ins Grab mitnehmen.

Der letzte Wille ist die letzte Gelegenheit, die Mitmenschen zu beeindrucken. Ich gestehe, dass ich mir gern ausmale, welche Wirkung ich mit meinem Testament erreichen könnte. Jemanden glücklich zu machen, der nichts von mir erwartet hat. Ich verrate hier schon einmal, dass eine Person aus der Verwandtschaft, die vom Schicksal nicht gerade verwöhnt wurde, nachträglich von mir gut versorgt wird. Aber das bleibt bitte unter uns.

Ich habe auch eine Liste von Freundinnen, unter denen mein Schmuck einst aufgeteilt werden soll. Und ich habe testamentarisch festgelegt, dass sie sich alle nach meinem hoffentlich nicht zu frühen Ableben zu einer Party vor meinem Kleiderschrank treffen. Jede soll sich etwas aussuchen, was ihr gefällt. Und was sie an mich erinnert. Es gibt ja diesen schönen Spruch, dass man erst wirklich tot ist, wenn sich niemand mehr an dich erinnert.

Das Testament ist der letzte Versuch, sich ins beste Licht zu rücken. Und Großzügigkeit macht doch viel mehr Spaß als düstere Rachegedanken. Meine einzige Sorge: Leben dann noch alle, die ich mit meiner Großzügigkeit beeindrucken will?

Also gut, so ganz ohne Stolperfallen will ich mein Testament auch nicht abfassen. Wie viele Menschen in meinem Alter denke ich verstärkt darüber nach, wer zur Stelle ist, falls mir mein eigener Name nicht mehr einfällt. Wir reden jetzt lieber nicht davon, dass mein Gehirn inzwischen häufig streikt und ich gelegentlich die Namen meines Lieblingsmenschen und meines Hundes durcheinanderbringe. Gerade im Alter sollte man die Zukunft nicht aus den Augen verlieren!

Deswegen plane ich mein Testament als eine Art Stufenprogramm mit Bonus-Ausschüttung – wie wunderbar, dass ich jetzt Zeit für so etwas habe! Ich will einen Anreiz für meine Erben schaffen. Sie sollen sich möglichst lange und gut um mich und meine Gesundheit kümmern. Sie werden geduldig sein müssen. Mein Nachlass wird nicht sofort ausgezahlt, sondern Jahr für Jahr. Immer ein bisschen mehr. Je länger ich lebe, umso höher die Erbschaft!

Wenn meine Erben alles wollen, müssen sie wohl oder übel meinen 100. Geburtstag abwarten und mich solange in Watte packen, jedes Wehwehchen von mir ernst nehmen und um meine Gesundheit bangen. Denn was nicht ausgezahlt wird, geht komplett ans Tierheim für ein neues Katzenhaus.

Tiere dürfen ja leider nichts erben, weil sie rein juristisch betrachtet eine Sache sind. Choupette, die heiß geliebte Katze von Karl Lagerfeld, hatte eine »Gouvernante«, die sich tagsüber um sie kümmerte. Jede Stunde musste die junge Frau ein kurzes Video an Karl schicken, damit er überprüfen konnte, ob es seiner weißen Katze gut geht. In seinem Testament hinterließ er der jungen Frau ein Haus, damit Choupette gewohnt luxuriös weiterleben konnte. Das wird übrigens penibel von einem Testamentsvollstrecker überprüft.

Das hat auch mich zu einem testamentarischen Bonusprogramm inspiriert. Wer sich nach meinem Ableben gut um meinen Hund kümmert, wird belohnt. Je länger der Hund lebt, umso höher das Erbe für den potenziellen Betreuer oder die Betreuerin. Statistisch gerechnet kostet ein Hund zwischen 900 und 3240 Euro im Jahr. Das wird jedes Jahr verdoppelt, solange es dem Hund gut geht. Entschuldigen Sie diese kleine Exkursion, aber Hundefreunde werden mich verstehen.

Testamente können viele Überraschungen bergen. Das habe ich in meiner journalistischen Laufbahn oft erlebt. Die besten Geschichten handelten oft vom Letzten Willen. Ich denke da an den deutschen Industriellen, der seine letzten Jahre schwer krank in Kliniken verbrachte. Kinder und Ex-Frau hatten wenig Lust, sich um ihn zu kümmern. Das überließen sie gern dem Pflegepersonal. Sie waren insgeheim heilfroh, dass sie nicht an seinem Bett sitzen, ihm die Stirn abtupfen und sein Stöhnen anhören mussten. Dafür war eine Krankenschwester da, die sich hingebungsvoll um ihn kümmerte.

Sie ahnen sicher, was nach seinem Ableben passierte! Aus Dankbarkeit, wohl auch aus Liebe, hinterließ er der Pflegerin zwei Häuser plus bezahlter Schenkungssteuer und eine lebenslange Apanage in Höhe von 40 000 Euro, die aus dem Familienvermögen bezahlt werden muss. Kinder und Ex-Frau tobten und fochten das Testament juristisch an. Die Krankenschwester sah sich gezwungen, der Familie zu erklären, wie nahe der Verstorbene und sie sich gekommen waren. Und was er ihr alles anvertraut hatte. Zum Beispiel, wo das Vermögen angelegt beziehungsweise versteckt worden war. Einschließlich aller Steuertricks. Die Familie verzichtete daraufhin auf die Anfechtung des Testaments. Ich habe die

Krankenschwester übrigens vor Kurzem getroffen. Sie sieht nicht mehr wie eine Pflegekraft aus, sondern wie eine sehr wohlhabende, glückliche Witwe. Ich finde, sie hat es verdient.

Wenn man das Thema Testament antippt, erfährt man auch manchmal lustige Geschichten. Einer meiner Freunde erzählte von seinem Vater, der den Standpunkt vertrat: »Ich vererbe nichts. Ich will, dass wirklich alle an meinem Grab traurig sind.« Hat funktioniert, wie mein Freund betrübt berichtete.

Zu den Testament-Klassikern gehört das Doppelleben. Eine aus People-Magazinen bekannte Society-Lady tat gern kund, was für eine glückliche Ehefrau sie war. Es gab viele Fotos, die sie und ihren Mann bei Veranstaltungen und Galas zeigten. Als er unerwartet starb, war die Trauer der Frau groß, aber der Testamentseröffnung sah sie in Aussicht auf ein großes Erbe gefasst entgegen. Ihre Überraschung lässt sich kaum beschreiben, als sie beim Notar eine andere Frau mit zwei Kindern traf. Es stellte sich heraus, dass ihr Mann ein Doppelleben geführt hatte. In seinem Testament hatte er das Vermögen gerecht zwischen den beiden Frauen und den ehelichen wie außerehelichen Kindern aufgeteilt. Das schmälerte natürlich das Erbe der Society-Lady beträchtlich.

Was aber viel schwerer wog: das Gefühl, öffentlich bloßgestellt worden zu sein. Sie konnte nicht einmal mehr exklusiv um ihren Mann trauern, weil es ja eine zweite Witwe gab. Bitter, wenn man glaubt, im

Leben seines Partners die Hauptrolle zu spielen, und am Ende zu erfahren, dass man nur die Zweitbesetzung gewesen war.

So etwas kommt in den besten Kreisen vor. Ich erinnere mich an das Staatsbegräbnis des französischen Präsidenten Francois Mitterand. Hinter seinem Sarg schritten nicht nur seine Frau Danielle, sondern auch seine langjährige Geliebte Anne Pingeot und die gemeinsame Tochter Mazarine. Niemand in der französischen Öffentlichkeit hatte von seinem Doppelleben gewusst, nur der Chauffeur und der Geheimdienst. Kondoliert wurde beiden Witwen.

Man muss nur Wirtschaftsmagazine durchblättern, dann stößt man auf die Testaments-Streitigkeiten in fast allen großen Unternehmerfamilien. Da werden Söhne enterbt, Dritt-Ehefrauen, die als Kindermädchen angefangen haben, als Nachfolgerinnen eingesetzt oder Testaments-Vollstreckern die Macht eingeräumt, über die Verteilung des Familienvermögens zu entscheiden. Der Letzte Wille ist manchmal auch die letzte Kampfansage.

Ein sehr einflussreicher Manager hat zum Beispiel eine Liste von Menschen hinterlassen, die nicht an seiner Beerdigung teilnehmen sollen. Darunter sein Sohn und sein Geschäftspartner. Ich bin da großzügig. Meine Freundin meint, das liege an meinem Größenwahn. Weil ich alles überdimensional plane, meine Beerdigung mit einbegriffen.

Deswegen will ich auch nicht sang- und klanglos in ein Grab versenkt werden. Das letzte von mir geplante Fest soll ein Ereignis werden, an das sich jede und jeder lange zurückerinnert. Falls Sie jetzt denken: »Bitte, lass uns nicht so morbide werden«, kann ich Sie beruhigen. Jetzt wird es richtig lustig.

Wer soll zum Beispiel die Trauerrede für mich halten? Herbert Feuerstein hat sich das auch gefragt. Der Komiker, jahrelang der Sidekick von Harald Schmidt, kam zu der Erkenntnis, dass nur einer zur Auswahl stehen konnte: er selbst! Also schrieb und sprach er persönlich seinen Nachruf, der nach seinem Tod vom WDR gesendet wurde und mit den Worten beginnt: »Ich will nicht lange drum rumreden, ich bin jetzt tot, und Sie, liebe Hörerinnen und Hörer, werden das eines Tages auch sein.« Zum Abschluss der zweistündigen (!) Rede sagte Feuerstein: »Heute ist der 15. Januar 2015. Zu gern hätte ich das Sendedatum gewusst – na ja, vielleicht doch lieber nicht.«

Das Seltsame ist ja, dass wir den Gedanken an den Tod ausklammern. Früher war ich mir auch ziemlich sicher, dass alle Menschen sterben, nur ich nicht. Das hat sich mit dem Älterwerden geändert.

Insgeheim hoffe ich trotzdem noch immer, dass der Tod bei mir eine Ausnahme macht. Ich kann dem Zitat von Woody Allen nur zustimmen: »Ich habe keine Angst vor dem Sterben, ich will nur nicht dabei sein.« Andrerseits würde ich zu gern hören, wie bei meiner Beerdigung über mich gesprochen wird. Endlich mal eine Gelegenheit, wo man garantiert nur positiv über mich redet. Mit liebevollen Erinnerungen, die darin münden, wie sehr man mich vermisst.

Wahrscheinlich ist es unhöflich, oder wie meine Freundin sagt, anmaßend, Freunde zu befragen, was sie dereinst an meinem Grab sagen werden.

Und wenn wir hier schon vom Grab reden: Ich will keinesfalls verbrannt werden. Dann ist ja nichts mehr von mir übrig, falls es doch noch zu einer Art Wiederbelebung kommt. Der christliche Glaube verspricht, dass man so aufersteht, wie man ins Grab gesunken ist. Wobei ich mir eine Auffrischung meiner alten Knochen in diesem Fall durchaus wünschen würde.

In meinen Augen sieht es erbärmlich aus, wenn man nur noch als Häufchen Asche im sogenannten Urnenversenknetz versenkt wird, das verdächtig nach einem übrig gebliebenen Netzstrumpf aussieht. Und so ein Urnengrab ist kaum größer als ein Maulwurfshügel.

Glauben Sie mir: Es empfiehlt sich, die eigene Beerdigung genau zu planen, und im Ruhestand haben Sie endlich Zeit dafür. Bloß keine Choräle bei meiner Beisetzung! Auch nicht das beliebte »Time to Say Goodbye« von Andrea Bocelli. Lieber etwas Aufbauendes wie »Live ist Life« von Opus. Da kommt Schwung in die Bude und dann ein tolles Fest für alle Trauergäste.

Ein Ehepaar aus meinem Bekanntenkreis hatte sich rechtzeitig eine schöne Grabstelle sichern wollen. Auf dem Friedhof fanden sie einen prächtigen Baum, unter dem sie zusammen bis in alle Ewigkeit ruhen wollen. Die Ehefrau trägt also dem Friedhofsverwalter den Wunsch nach diesem Grab vor. Da sie wie immer in modischem Schwarz erschien, dachte dieser wohl, es handle sich um einen akuten Trauerfall. »Wann soll die Beerdigung denn stattfinden?«, fragte er voller Anteilnahme. Worauf die Ehefrau erklärte, es gebe noch keinen Toten. Das Grab, teilte ihr der Verwalter daraufhin etwas verkniffen mit, könne sie nur in Verbindung mit einer Leiche erwerben.

Ein Toter war schnell gefunden. Glaubhaft versicherte das Ehepaar, dass man eine vor 40 Jahren verstorbene Verwandte, die in einem anderen Bundesland im Grab ruht, gern in der Nähe hätte.

Zugegeben, die Aktion war kompliziert, das Umbetten eines Toten muss begründet werden und kann wegen der Wahrung der Totenruhe nur im Dunklen stattfinden. Jetzt aber ruht im Familiengrab meiner Freunde eine Frau, an die sich wirklich niemand in der Familie erinnert. Vielleicht ist es ja auch gar keine entfernte Verwandte, sondern tatsächlich eine Fremde. Aber die Grabstelle ist schön.

Mit meiner besten Freundin habe ich jedenfalls ausgemacht: Wenn eine von uns stirbt, halte ich die Grabrede! »Mach es bloß kurz«, hat sie mich gewarnt. Keine Chance, Herbert Feuerstein sei Dank!

KAPITEL 17

Es sterben immer die anderen

There's no time for us
There's no place for us
What is this thing that builds our dreams,
    yet slips away from us
Who wants to live forever
Who wants to live forever
Oh ooo oh
Oh ooo oh
There's no chance for us
It's all decided for us

(Songtext von Queen)

Wenn ich wüsste, dass heute der letzte Tag in meinem Leben wäre, was würde ich noch gern machen? Alles, was ich auch sonst gern mache. Sehr früh aufstehen, weil ich diesen Moment so liebe, wenn die Dunkelheit in perlmuttfarbenes Licht wechselt. Mit meinem Hund in den Park gehen, wo wir noch allein sind, den Vögeln zuhören, die den Tag begrüßen.

Einen stark gesüßten Kaffee trinken, in aller Ruhe Zeitungen lesen. Dann würde ich mein Sofa in eine neue Position schieben, weil Möbelrücken meine Lieblingsbeschäftigung ist. Wahrscheinlich kaufe ich noch neue Kissen und frische Blumen.

Halt, ich ahne, was Sie jetzt denken: Was fällt der ein? Am allerletzten Tag auf Shoppingtour gehen! Gibt es da nichts Dringlicheres zu erledigen?

»Wenn ich wüsste, dass morgen die Welt untergeht, würde ich heute noch ein Apfelbäumchen pflanzen«, soll Martin Luther gesagt haben. Der populäre Spruch stammt gar nicht von ihm, sondern aus dem Kriegsjahr 44 und sollte den Menschen Lebensmut vermitteln. Für mich klingt das eher wie eine Trotzreaktion. Nur weil ich irgendwann sterben werde, höre ich doch jetzt nicht mit dem Leben auf! Bis zur letzten Minute möchte ich das Dasein genießen. Deswegen werde ich an diesem Tag, wie immer, stundenlang, mit meiner besten Freundin telefonieren, später ein Reisebuch lesen, weil die schönsten Ausflüge im Kopf stattfinden. Die Abendnachrichten im Fernsehen anschauen, ein Eis essen und schließlich mit der Gewissheit einschlafen, dass dies wieder einer der schönsten Tage meines Lebens war. Vielleicht mein letzter!

»Stellen Sie sich vor, Sie sind weg. Es gibt Sie nicht mehr. Sie sind tot. Für wen ist das eigentlich schlimm? Für Sie selber oder für alle, die noch weiterleben?« Diese provozierende Frage stellt der Mediziner und Moderator Eckart von Hirschhausen gleich zu Beginn seiner TV-Dokumentation über den Umgang mit dem Tod. Er will wissen: Wie gelingt ein Leben, wenn einem die Endlichkeit bewusst, das Ende absehbar ist? Es gibt nur zwei Ereignisse im Leben, an denen wir nichts verändern können: der Tag unserer Geburt und der Tag unseres Todes. Den einen feiern wir jedes Jahr, den anderen verdrängen wir lieber.

In jungen Jahren hat mich der Gedanke an unsere Vergänglichkeit ziemlich gequält. Wahrscheinlich, weil mein Vater in seinen letzten Lebensjahren sehr krank war. Mein Kinderzimmer lag neben seinem Schlafzimmer, nachts hörte ich ihn oft vor Schmerzen stöhnen. Das war bedrückend, aber noch größer war meine Angst, dieses Stöhnen einmal nicht mehr zu hören. Er starb, als ich 17 war, nie habe ich mich verlorener und einsamer gefühlt. Die Vorstellung der unbegreiflichen Auslöschung unserer Existenz ließ mich nicht mehr los. Ich begann zu rechnen: Wenn ich noch 70 Jahre leben würde, hätte ich noch 25 550 Tage und Nächte vor mir. Das schien mir unendlich viel – und doch so wenig. Ich fragte mich, wie alte Menschen den Gedanken an den nahen Tod aushalten konnten. Die Gewissheit, dass dann alles ausgelöscht sein wird, was man an Erfahrungen und Wissen in sich trägt. Was für eine Verschwendung, wenn das kostbare Ich für immer in der Dunkelheit der Zeit versinkt!

Tatsächlich habe ich inzwischen mehr als Dreiviertel meiner statistischen Lebenszeit aufgebraucht, aber ich empfinde den Tod seltsamerweise nicht mehr als ständige Bedrohung. Ein Phänomen: Je näher er rückt, umso mehr scheint er sich zu entfernen. Ist diese Gelassenheit genetisch in uns eingebaut? Oder das Ergebnis eines Lebens, das ich rückblickend zufrieden betrachten kann? Fällt der Abschied leichter, wenn man keine Wünsche mehr hat?

Unausweichlich beschäftigt man sich im Ruhestand mit dem Thema Sterben. Das Ende der Berufstätigkeit wird ja von vielen schon als kleiner Tod empfunden. Ich weiß, darüber redet niemand gerne, Sie sicher auch nicht, aber inzwischen gehe ich häufiger zu Beerdigungen als zu Partys. Um in diesem saloppen Tonfall zu bleiben: Die Reihen lichten sich.

Die Kunst des Lebens, so mahnt der spirituelle Benediktinerpater Anselm Grün, bestehe darin, ganz bewusst im Hier und Heute zu leben, aber gleichzeitig zu wissen, dass es immer darum geht, Abschied zu nehmen. Wenn man an ein Jenseits glauben kann, fällt das wahrscheinlich leichter, als wenn man das eigene Ende als absoluten Schlussakkord betrachtet.

Immer wenn der Hit der Band Queen »Who Wants to Live Forever« lief, riss mein Freund Udo Walz die Arme hoch und schrie begeistert: »Ich, ich, ich!« Bei seiner Beerdigung haben wir den Song gespielt und furchtbar geweint. Nur wenige Menschen haben das Leben so hemmungslos genossen und geliebt wie er. Und doch war die erste Zeile seines Lieblingsliedes auch für ihn zur Gewissheit geworden: »There's no time for us.« Wir haben keine Zeit mehr.

Er war überraschend gestorben, mit 76 Jahren, viel zu früh. Aber das sagt man immer, wenn ein geliebter Mensch geht. Man weint nicht nur um den Verstorbenen, sondern auch um sich selbst. Um alles, was noch hätte sein können. Man beerdigt einen Teil der eigenen Zukunft. Udo und ich, wir waren so viele Jahre die besten Freunde. Und wir hatten noch Pläne, Ideen, Projekte. Im Herbst eine Reise nach Paris. Sein Geburtstag im China Club in Berlin. Eine Schiffsreise. Silvester mit unseren Hunden. Ein gemeinsames Buch, eine Talkshow. Und all die lustigen Abende, die wir noch zusammen verbringen wollten, im Theater, im Varieté, im Kino, bei ihm, bei mir zu Hause. Eine Freundschaft, die von gegenseitigem Respekt und Bewunderung glänzte. »This world has only one sweet moment set aside for us«, singt Freddy Mercury mit Queen. Diese Welt hat nur einen süßen Moment für uns reserviert.

Bis heute kann ich mich mit seinem Tod nicht abfinden. Aber was ist noch schlimmer, als am Grab eines geliebten Menschen zu stehen? Meine Antwort: Ihn nicht gekannt zu haben! Wenigstens bleiben mir die Erinnerungen, die zu unterschiedlichen Zeiten in mir aufblitzen, wie Wetterleuchten. Als wir in New York haltlos lachend ein Restaurant verließen, weil man ihn dort nicht erkannt hatte. Unser Weihnachtsfest auf Mallorca, als er partout mit dem Auspacken der Geschenke nicht warten wollte und wir deswegen mittags schon »Stille Nacht, heilige Nacht« sangen. Wenn einer von uns beiden eine schwierige

Phase durchmachte, auch das gab es, war der andere sofort da.

»Erinnerungen sind das einzige Paradies, aus dem wir nicht vertrieben werden können.« Ein Zitat von dem deutschen Schriftsteller Jean Paul, das häufig über Todesanzeigen steht.

Mit meinem Freund Stefan habe ich mir ausgemalt, was wäre, wenn es eine Pille gäbe, mit der wir noch 700 Jahre leben könnten. Wir beide würden diese Pille sofort schlucken. Leider sonst keiner aus unserem Freundeskreis. Was auch eine Umfrage bestätigt: Höchstens zehn Prozent der Befragten möchten länger als 100 Jahre leben. Damit kann ich mich nur schwer abfinden. Wir gewinnen doch mit den Jahren an Reife und Selbstbewusstsein! Wie schön, wenn man das im Alter mit Freunden teilen könnte. Wie Eckart von Hirschhausen sagt: »Jeder Mensch hat zwei Leben. Und das zweite beginnt, wenn man kapiert, dass man nur eines hat.«

Verlusterfahrungen gehören dazu. Man solle rechtzeitig damit beginnen, »abschiedlich« zu leben, raten Psychologen. Also immer das Ende vor Augen haben. Meiner besten Freundin Renate dürfen Sie damit nicht kommen. Sie ist jetzt 79 Jahre und hat sich gerade neue Kleider gekauft. Nach ihrer Berechnung muss sie mindestens 102 werden, wenn sie alle Outfits öfter als einmal tragen will. Ihr darf man auch nicht mit dem schlimmsten aller Sätze kommen: »Lohnt sich das noch in deinem Alter?« Sie ist der lebendige Beweis für viele Studien, die festgestellt haben, dass Menschen im Alter besonders glücklich und zufrieden sind. Ich kann das nur bestätigen. Ich wollte, ich hätte schon in jungen Jahren gewusst, wie amüsant das Leben im Allgemeinen und ganz besonders im Alter sein kann.

Als wir am Grab unserer Freundin Petra standen, flüsterte eine aus der Clique: »Hoffentlich klingelt es jetzt nicht.« Unter Tränen mussten wir grinsen, denn Petra hatte darauf bestanden, mit ihrem Handy begraben zu werden. Nicht, weil sie sich aus dem Jenseits melden wollte, sondern aus Sorge, ihr Ehemann könnte das Handy finden, mit den vielen SMS ihrer letzten großen Liebe – dem Mann, mit dem sie sich über die Untreue ihres Ehemannes hinweggetröstet hatte. Sie hätte die Liebesbotschaften auch löschen können, aber, wie sie mit dem ihr eigenen Humor meinte: »Dann habe ich wenigstens im Grab etwas zum Lesen und Freuen.«

Sterbende, so die Beobachtung von Eckart von Hirschhausen, haben oft erstaunlichen Humor. Eine Hospizbewohnerin erklärte ihm: »Mein Lachen gibt mir ein Gefühl von Selbstbestimmung und Verbundenheit.«

Von den Sterbenden, die er traf, habe keiner gesagt: »Mensch, ich hätte mehr Zeit im Büro verbringen müssen.« Es ging mehr um die Fragen aller Fragen: Habe ich gut gelebt? Geliebt? Hatte ich ehrliche Beziehungen? Deswegen rät Hirschhausen: »Wenn das Leben endlich ist, sollten wir endlich anfangen, es zu leben.« Ich kann nur hinzufügen: Fangen Sie spätestens im Ruhestand damit an!

KAPITEL 18

Graue Haare

Ich möchte sie auf der Anklagebank sehen! Meine Haare! Der Vorwurf lautet: grober Undank. Jahrzehnte habe ich sie gehegt und gepflegt, mit Masken und Spülungen verwöhnt, sie stets sanft behandelt, nie an ihnen gerissen oder gekaut. Und wie haben sie es mir vergolten? Jetzt, im Alter, wo ich sie wirklich dringend brauche, verdünnisieren sie sich im wahrsten Sinne des Wortes. Sehen aus, als litten sie unter Magersucht. Machen sich auf und davon. Wenn das so weitergeht, bleiben so wenig übrig, dass ich sie irgendwann einzeln namentlich aufrufen kann.

Wir sind uns doch einig, dass Haare für uns reife Frauen die wichtigsten Verbündeten im Kampf gegen das Altern sind? Wenn die Gesichtszüge den physikalischen Grundgesetzen der Gravitation folgen, das heißt in Richtung Erdmagnetfeld sinken, könnte man das mit Haaren elegant kaschieren. Sofern vorhanden.

Was aber, wenn die Haare sich benehmen, als wäre man eine ungeliebte ältere Verwandte, von der man sich besser distanziert?

Sie finden, ich übertreibe? Zwischen meinen Haaren und mir besteht eine Art Hassliebe. Seit meinem 15. Lebensjahr färbe ich sie und gelte allgemein als schwedenblond. Ich erinnere mich noch gut, wie schockiert ein Freund war, als er bei mir einen dunklen Ansatz entdeckte. »Du bist gar nicht blond!«, stellte er fest, und das klang so enttäuscht, als hätte ich ihn mit seinem besten Kumpel betrogen. Ich versuchte die Sache runterzuspielen: »Ich bin blond, aber meine Haare brauchen Sonne, um richtig hell zu werden.« Männer glauben solche Geschichten gern. Sie sind vom Ideal der natürlichen Schönheit so fasziniert, dass sie sogar glauben, dass die blonden Haare von Heidi Klum gottgegeben und genauso echt sind wie die Brüste von Dolly Parton.

Lassen wir ihnen ihren Kinderglauben. Dabei sind die echten Blondinen nahezu ausgestorben. In Deutschland kommen nur acht Prozent der Frauen blond zur Welt. Aber 82 Prozent haben sich schon mal die Haare gefärbt. Raten Sie mal, in welcher bevorzugten Farbe?

Um niemand zu irritieren, habe ich Fotos aus meiner Kinderzeit versteckt. Das kleine Mädchen darauf trägt ziemlich dunkle Zöpfe.

Früher habe ich gedacht, der geheime Vorteil des Alterns sei, sich nicht mehr so viele Gedanken um seine Haare machen zu müssen. Davon bin ich heute weit entfernt. Mein Pony zum Beispiel, von dem ich immer die Vorstellung hatte, er müsse so üppig fallen wie bei den Beatles ... Erinnert sich noch jemand an die Pilzköpfe, wie sie damals hießen, in den fernen 1960er-Jahren des letzten Jahrhunderts? Ich ging mit einem Foto der Beatles zum Friseur und wollte genau diesen Haarschnitt. Nun, ein belgisches Kaltblut kann man genauso wenig in ein Springpferd verwandeln wie meine Haare in einen dichten Bob. Inzwischen sieht man leider die Kopfhaut zwischen meinen Haaren hervorschimmern, wie bei einem zu nachlässig belegten Tortenboden. Trotzdem empfehle ich den Pony als Geheimtipp. Er ist ein fantastisches Verjüngungsmittel, besser als eine Botox-Injektion, weil er die Stirnfalten versteckt.

Ein Friseurbesuch ist für mich inzwischen wie der Gang in eine Auto-Reparaturwerkstatt. Als wäre ich ein Oldtimer, den man mit gutem Zureden und einigen Tricks wieder zum Laufen bringt. Ayse, eine wahre Haarkünstlerin, überredete mich zu Extensions, um mehr Haarfülle vorzutäuschen. Links und rechts wurden jeweils drei Haarsträhnen eingesetzt. Das Ergebnis war verblüffend, ich warf meinen Kopf nach hinten, wie es Models in der Shampoo-Werbung gern machen, und es wogte und bauschte um mein Gesicht. Ich war überwältigt von dem Ergebnis und nahm an, dass mein Lieblingsmensch mich kaum wiedererkennen würde. Als ich heimkam, sah er kurz von seiner Zeitung hoch und fragte: »Wolltest du nicht zum Friseur gehen?«

Das erinnerte mich an meinen Hochzeitstag, als Gerhard Meir meine Brautfrisur zauberte. Wissen Sie noch, dieser Star-Friseur und der Erfinder der Punkfrisur, mit der Gloria von Thurn und Taxis die Adelswelt schockierte? Nun, Gerhard hatte den Ehrgeiz, auch mein Haar zu einem Ereignis werden zu lassen. Ich habe normalerweise Haare glatt wie Schnittlauch, die er in Korkenzieherlocken verwandelte. Ich sah wie eine Romanfigur von Jane Austen aus.

Als ich zu meiner Mutter nach Hause fuhr, öffnete sie die Tür und fragte: »Ja bitte, was kann ich für Sie tun?« Sie hatte mich nicht sofort erkannt. Ich weiß nicht, ob die Locken letztendlich auch zu einem Missverständnis zwischen meinem Mann und mir führten. Mit Locken ähnelte ich einer harmlosen Putte, wie man sie in bayerischen Barockkirchen sieht. Die Ehe war jedenfalls sieben Monate später beendet.

Was meine Haare betrifft, war mir Hillary Clinton immer ein schwacher Trost. Auf jede neue politische Herausforderung reagierte sie mit einer neuen Frisur. Über ihre dünnen Haare wurde genauso heftig diskutiert wie über ihr Wahlprogramm, mit dem sie sich als US-Präsidentin bewarb. Hätte sie im Salon von Udo Walz, Deutschlands berühmtestem Star-Friseur, einen Termin bekommen, wäre es ihr womöglich wie mir ergangen. Als ich Udo bei einer Gala in Berlin kennenlernte, fragte ich ihn: »Wie finden Sie meine Frisur?« Er fragte zurück: »Was ist Ihr Friseur von Beruf?«

Eine Haarkrise löste bei mir auch das Thema Dauerwelle aus. Ein befreundeter Designer meinte, dass ich in seinen Entwürfen besser aussähe, wenn meine Haare nicht so traurig an mir herunterhängen würden. Genau das waren seine Worte. Ich ließ mir also eine Dauerwelle legen, mit der ich entfernt an einen Königspudel erinnerte. Die ersten drei Wochen waren herrlich: Locken umrahmten schmeichelnd mein Gesicht! Dann aber setzte sich die Natur wieder durch. Die Haare wuchsen aalglatt nach, und mein Kopf sah wie ein Staubwedel aus.

»Du hast Engelshaar«, tröstete mich mein Freund Herbert, der Figaro der Münchner Society, wenn er durch meine dünne Pracht kämmte. Er gab sich wirklich viel Mühe mit meinen Haaren, und seine Ball-Frisuren sahen großartig aus, solange ich mich im Salon befand. Beim ersten Kontakt mit Frischluft fielen sie jedoch wie Soufflé zusammen, nachdem die Backofentür geöffnet wurde.

Ich habe mal ausgerechnet, wie viel Lebenszeit wir Frauen auf unsere Haare verwenden. Früher habe ich meine täglich gewaschen. Mit Föhnen dauerte das ungefähr eine Stunde. Macht 365 Stunden pro Jahr! Und dann der aufwendige Akt des Färbens, alle vier Wochen, mindestens drei Stunden! In jungen Jahren habe ich, wie viele Frauen, selbst mit Farben experimentiert. Das Ergebnis fiel sehr unterschiedlich aus – butterblond, aschblond, rotblond, dunkelblond, gelegentlich mit Grünstich. Heute überlasse ich das Färben meiner Freundin Ayse, eine

Blondhaar-Spezialistin. Sie hantiert auf meinem Kopf wie ein expressionistischer Künstler auf der Leinwand. Sie »malt« Strähnchen, zaubert Lichtreflexe, verteilt Highlights, setzt dunkle Akzente. Ich brauche nicht zu erwähnen, dass dies Zeit kostet. Viel Zeit. In dieser Ausführlichkeit kann man sich die Behandlung der Haare nur leisten, wenn man im Ruhestand ist.

Eine kleine Diskussion entsteht immer, wenn sie mir Maske und Spülung verordnet. Die Haare lassen sich dann gut durchkämmen und glänzen schön. Aber sie hängen auch so schlaff herunter, als wären sie von der stundenlangen Behandlung erschöpft.

Ohne all diese Produkte wirken sie dichter, aber es besteht die Gefahr einer irren Verflechtung. Am Ende hat man ein Vogelnest auf dem Kopf, das aussieht, als wären alle Bewohner ausgeflogen, um nie wieder zurückzukehren.

Warum ich mir das antue? Weil man wie ein Drogensüchtiger ist, wenn man erst einmal mit dem Färben angefangen hat. Man hört nicht mehr auf. Kennen Sie meine größte Sorge? Wir haben eine Wirtschaftskrise, und es gibt keine Haarfarbe mehr!

Heidi war die erste meiner Freundinnen, die über Nacht ergraute. Und das lag nicht an einem traumatischen Schicksal, wie es Marie Antoinette erlitt, die in der Nacht vor ihrer Hinrichtung schlohweiß geworden sein soll. Heidi hatte schlicht keine Lust mehr, sich ihre Haare ständig zu färben. Ich mochte ihr pumucklrotes Haar besonders gern, weil sie damit exzentrisch und explosiv wirkte. Aber ich gebe zu, dass ihr der silberne Haarschopf auf Schwarz-Weiß-Fotos besonders gut steht.

Aber wenn Sie *mich* fragen (Heidi tut es nicht), ich bevorzuge Farbe im Haar. Es gibt nur einen bestimmten Typ von Frau, dem graue Haare stehen. Italienerinnen zum Beispiel, die meistens beneidenswert kräftige Haare haben. In Kombination mit einem klassischen Profil und schwarzer Garderobe sieht das umwerfend aus.

Grau gilt vielen als das neue Blond. Vor allem seit die TV-Moderatorin Birgit Schrowange, die den Zuschauerinnen und Zuschauern als Brünette bekannt war, plötzlich mit kurzen, grauen Haaren auftrat. Die Chefs ihres Senders hatten auf gefärbte Haare bestanden, aber Birgit Schrowange wollte ein Zeichen setzen: »Der Jugend hinterherzulaufen ist Blödsinn. Wir Frauen sollten locker werden und es den Männern nachmachen. Seid schön, wie ihr eben seid.«

Im Fernsehen tauchen immer mehr grauhaarige Models auf, die offenbar ein neues Selbstbewusstsein für uns Frauen von der Silver-Generation vermitteln sollen. Aber geht es in ihren Spots um Sportautos oder Rockkonzerte? Nein, um Slip-Einlagen und Rheuma-Wundermittel.

Dafür fühle ich mich zu jung. Der Instagram-Account »Going Grey« hat Hunderttausende Follower, immer mehr Frauen posten Fotos von sich mit grauen Haaren. Ich beneide sie um ihren Mut, sich so natürlich zu zeigen. Und um die Würde, die sie dabei ausstrahlen. Es ist auch ein Zeichen großer Unabhängigkeit, wenn man sich dem allgemeinen Jugendlichkeitswahn so widersetzt. Eine Kollegin aus dem Beauty-Ressort trug schon mit Mitte 40 stolz ihre langen grauen Haare. Als jedoch bei einem Vortrag über Haarprodukte der Redner auf sie mit den Worten »Die ältere Dame dort mit den grauen Haaren« wies, beschloss sie spontan sich wieder in eine Blondine zu verwandeln.

Was mich betrifft: Ich bin und bleibe schwedenblond. Wenn Sie mich demnächst irgendwo sehen und mein Ansatz sollte nachgedunkelt sein, bitte, flüstern Sie mir das nur ins Ohr. Ich bin doch offiziell naturblond.

in vertrauter Moment mit Karl Lagerfeld, dem ich 2005 den »Bambi« in der Kategorie »Kreativität« in Magdeburg überreichte.

rauenpower mit Kanzlerin Angela Merkel und Schauspielerin Maria Furtwängler beim Focus-Sommerfest 2007 in Berlin

Mit Thomas Gottschalk, auf den ich 2015 bei der Verleihung der »Querdenker-Awards« (ein Wirtschafts- und Inovationspreis) eine Laudatio hielt.

Auf dem Roten Teppich mit Robbie Williams, bei
der »Bambi«-Verleihung 2016 im Stage Theater in Berlin

Gute Stimmung mit »Kaiser« Franz Beckenbauer, seiner
Frau Heidi und Focus-Gründer Helmut Markwort

Veronica Ferres ist auch im Privatleben eine
wunderbare und loyale Freundin geblieben.

Bei meiner Verabschiedung 2016 als Chefredakteurin sang Peter Maffay. Links Verleger Professor Hubert Burda, rechts Vicky Leandros.

Mein Herzensfreund, der Starfriseur Udo Walz. Als er 2020 starb, verloschen für mich die Lichter Berlins.

Lieblingsmensch und Lebenspartner:
Focus-Gründer Helmut Markwort

Nach der Karriere geht der Spaß erst richtig los: Mit meinem Hund Emil paddle ich gemütlich auf dem Starnberger See.

Endlich mehr Zeit für meinen Sehnsuchtsort Ambach am Starnberger See! Hier kann ich loslassen, nachdenken, lesen, schreiben und malen. Und vor allem meine Freunde um mich versammeln.

KAPITEL 19

Ich kann nicht Nein sagen

Das Handy klingelt. Der Freund fragt ein bisschen ungeduldig, wann ich käme. Wir sind zum Essen verabredet, und ich bin schon verspätet. Aber ich komme hier nicht weg. Seit einer halben Stunde sitze ich auf einem Hocker in einer verstaubten Hinterhofwerkstatt, die sich auf antike Lüster und Lampen spezialisiert hat. Es ist düster, zugig, und ich frage mich, warum passiert das immer mir? Eine Freundin hatte gebeten, dass ich ihre Stehlampe abhole, die hier repariert wurde. Sie bräuchte sie dringend, genau jetzt, und es wäre ja quasi bei mir um die Ecke. Nur, die Lampe ist nicht fertig, der Elektriker entschuldigt sich, er müsse noch irgendwelche Drähte zusammenlöten. »Geht ganz schnell«, versichert er mir. Ich ärgere mich über mich selber. Warum habe ich mich breitschlagen lassen, diese dumme Leuchte abzuholen, obwohl ich eine Mittagsverabredung habe? Ich werde mir wegen der Verspätung Vorwürfe anhören müssen. Und die Stehleuchte ist auch noch so riesig groß, dass ich sie kaum in mein Auto bekomme.

Der Höhepunkt der Geschichte? Als ich die Lampe bebend vor Nervosität abliefere, sagt meine Freundin vorwurfsvoll: »Warum hast du nicht gesagt, dass du einen Termin hast? So dringend war es mit der Lampe nun auch wieder nicht.«

Vielen Dank! Wie heißt noch mal der Spruch? Tue nichts Gutes, dann widerfährt dir auch nichts Schlechtes!

Immer wieder manövriere ich mich in Situationen, wo ich jedem gerecht werden will. Ich will nett sein, aber am Ende haben alle Stress. Ich natürlich auch. Weil ich nicht Nein sagen kann! Seit ich nicht mehr offiziell arbeite, gelte ich praktisch als vogelfrei. »Was machst du gerade?«, werde ich gefragt. Rein rhetorisch, denn jeder nimmt an, dass ich massenhaft Zeit habe. Jetzt, wo ich offiziell im Ruhestand bin. Die Nachbarin bittet tausendmal um Entschuldigung, aber ob ich ihre Tochter vom Ballett abholen könne? Sie selbst konnte nämlich gerade einen Friseurtermin ergattern. Wird erledigt, obwohl ich eigentlich einen Krimi zu Ende lesen wollte. Mein Lieblingsmensch braucht ein Medikament aus der Apotheke und meint, ich hätte ja Zeit. Dass ich im Garten gerade das Laub zusammenreche, stört ihn nicht: »Das kannst du doch auch morgen machen!« Ich ergebe mich, obgleich ich Mordgedanken hege.

Warum glauben alle Menschen, dass ich im Ruhestand Zeit habe? Ich bin total verplant. Jeden Tag habe ich etwas vor. Gut, im Job habe ich oft vier

Dinge gleichzeitig erledigt. Telefoniert, dabei auf ein Manuskript geschaut, mit halbem Ohr den Nachrichten gelauscht und einem Kollegen das Zeichen gegeben, dass ich gleich für ihn da sein werde. Klingt engagiert, aber dieses Multitasking war in Wahrheit nervenaufreibend, wahrscheinlich auch für die anderen. Wer seine Konzentration auf mehrere Sachen gleichzeitig verteilt, ist überall nur halb dabei.

Mit dieser späten Erkenntnis wollte ich mir im Ruhestand mehr Zeit freischaufeln, um mich bewusst dem zu widmen, was wichtig ist.

Leider kommt ständig etwas dazwischen. Dauernd werde ich um einen Gefallen gebeten. Ich will höflich sein, drücke mich vor einer klaren Aussage und verwickle mich dabei in abstruse Situationen. Verspreche einer Freundin, am Samstag beim Umzug zu helfen, obwohl ich mit einer anderen einen Ausflug geplant habe und überdies einen Artikel zu Ende schreiben muss. Am Ende sind alle genervt, weil ich mich überall verspäte, deswegen schlechte Laune habe und mir noch selbst leidtue. Was bin ich doch für ein guter Mensch!

Nein denken und Ja sagen – kommt Ihnen das bekannt vor? Ein typisch weibliches Phänomen, wie mir der Psychologe und Buchautor Jens Corssen erklärt. Männern falle es viel leichter, etwas abzulehnen. In schwierigen Situationen reagiere ihr Reptiliengehirn, ein schlauer Einfall der Evolution, denn diese älteste und primitivste Region des Gehirns ist auf pures Überleben programmiert. Bei den Frühmenschen war der Mann für die Beute zuständig, er musste raus aus der Höhle, sich der Gefahr stellen. Das Urweib hütete derweil Feuer und Brut. Sie sorgte für Wärme und Geborgenheit.

Eine wunderbare Ausrede! Als Frau bin ich halt mehr auf Fürsorge und Mitgefühl programmiert. Die Gene, ich kann nicht anders, ich bin halt nett!

Jens Corssen zerstört leider die schöne Vorstellung, die ich von mir habe. Die weibliche Konditionierung auf »nett und nachgiebig« sei das eine, das andere aber, dass Ja-Sager eine höllische Angst vor Zurückweisung hätten. Das Kind in mir, so seine Kurzanalyse, fürchte sich davor, nicht geliebt und deswegen im Stich gelassen zu werden. Ein Kind, das sich selbst überlassen bleibt, muss sterben.

Schluck, das klingt dramatisch. Vielleicht liegt es aber auch an meinem Sternzeichen Zwilling mit Aszendent Krebs. Während der Zwilling als neugierig und vorwärtsstürmend bezeichnet wird, quillt der Krebs vor Mitgefühl über. Wenn mich jemand um einen Gefallen bittet, reagiere ich wie auf Autopilot. Das innere Programm springt an. Das liegt an der Grundüberzeugung, die ich von mir selbst habe, als höflicher, gut erzogener Mensch. In Wahrheit geht es jedoch um Bequemlichkeit. Bloß keine Konflikte, bitte keine Diskussionen, warum ich irgendwo nicht zur Stelle sein kann.

Eher passe ich auf Ihren Hund auf, obwohl sich der mit meinem nicht verträgt, als Sie zu enttäuschen, weil ich weder für Ihren Hund noch für Sie Zeit habe. Ach,

Ihren Stuhl, der einen neuen Bezug braucht, nehme ich auch gleich mit, obwohl die Werkstatt einen Umweg von 20 Kilometern bedeutet. Ich brauche kein Benzingeld von Ihnen, mir reicht, dass Sie dankbar sind.

Menschen wie ich leben nicht, wir werden gelebt! Irgendwie muss ich raus aus dieser Harmoniefalle. Alt genug und in der richtigen Lebensphase wäre ich doch, um mich aus diesem Rollenklischee zu befreien, dass man als Frau für andere da zu sein hat. Dieses Kind in mir, das ständig gestreichelt werden möchte, das müsste doch allmählich erwachsen sein, Abitur machen und ausziehen, um selbstständig zu leben. Dabei bin ich seit einigen Jahren in der Münchner Tram mit einem Seniorenticket unterwegs. Wann, wenn nicht jetzt soll ich meinem Instinkt folgen? Und »Nein« sagen zu meinem Nachbarn, der sich das Rudergerät ausborgen möchte. Ich weiß doch, dass er es nicht mehr zurückgeben wird.

Meine Freundin Renate ist bei alldem ein gutes Vorbild. Sie bekam einen Anruf von einer Bekannten, die ihren Liebeskummer loswerden wollte und sich ziemlich dramatisch anhörte. Es war kurz nach 20 Uhr, Renate schaute gerade einen spannenden Krimi und erklärte: »Ich will den Film zu Ende sehen. Aber dann reden wir miteinander.« Das klingt herzlos, aber sie konnte natürlich gut unterscheiden, ob da jemand sinngemäß vom Balkon springen oder einfach seine Geschichte loswerden wollte.

Während ich wahrscheinlich seufzend zugehört hätte – mit halber Aufmerksamkeit nur, weil ich dabei den Film weitergesehen hätte –, war Renate aufrichtig und nahm sich anschließend Zeit für die vom Schicksal gebeutelte Bekannte.

Meine Lektion für den Ruhestand: Man wird nicht unbedingt beliebter, nur weil man allen Konflikten aus dem Weg geht. Öfters werde ich gebeten, mich um ein Praktikum für Kinder anderer Leute zu kümmern oder um den Kontakt zu einem Prominenten, denn: »Du kennst doch alle im Mediengeschäft.«

Ja, stimmt, man sonnt sich ja auch gern in dem Gefühl, noch wichtig zu sein. Dabei sind meine Beziehungen längst nicht mehr so großartig. Aber wer gibt das schon gerne zu? Hallo, ich bin raus aus dem Geschäft, nicht mehr wichtig und kann nichts für dich tun.

Ich könnte mir Ärger und Zeit ersparen, wenn ich solche Bitten aufrichtig ablehne. Erstens: Wie peinlich, sich an Menschen zu wenden, die man früher gut kannte und die einen vergessen haben. Zweitens: Man erspart anderen Menschen vorprogrammierte Enttäuschungen. Drittens: Ein klares Nein sorgt für mehr Profil. Warum nicht den Mut aufbringen, ein Egoist zu sein? Sich nicht mit »vielleicht« oder »eventuell« herumzuquälen, sondern gleich abzusagen? Wer mich deswegen aus seinem Adressbuch streicht, hat es nicht besser verdient.

Eines habe ich im Ruhestand gelernt: Wie befreiend es sein kann, sich von Menschen zu trennen, die einem im Grunde genommen nur die Zeit stehlen. Die so tun, als würden sie sich für mich interessieren, dabei wollen sie mich nur für ein bestimmtes Projekt einspannen. Ich bin offenbar leicht zu überreden. Und ärgere mich deswegen oft über mich selbst. Ein guter Freund fragte, ob ich ihm Geld leihen könne. Ich zögerte, sagte halbherzig Ja, wusste aber im gleichen Moment, dass ich es nicht tun würde. Ich kannte seine Finanzprobleme, faselte etwas von meiner Bank, mit der ich mich in Verbindung setzen würde, und meldete mich dann nicht mehr bei ihm. Seitdem herrscht Funkstille zwischen uns.

Da war sie wieder, diese Nettigkeit-Falle, in die ich zuverlässig wie ein Agent in die Honigfalle hineintappe, weil es mir schwerfällt, jemandem etwas abzuschlagen. Warum hat er überhaupt mich gefragt und nicht eine andere Person? Weil ich wohl als gutmütiges Schaf gelte, wie mir Jens Corssen klarmachte. Sein Vorschlag für solche Situationen: erklären, dass man grundsätzlich kein Geld verleiht. Schon der Freundschaft wegen. Und deswegen verschenkt man an einen in finanzielle Not geratenen Freund lieber einen kleinen Betrag, den man nicht mehr zurückfordert. Das wäre ein echter Freundschaftsdienst gewesen und hätte unser Verhältnis nicht so belastet.

Es gibt übrigens eine gute Methode, herauszufinden, ob man wirklich gern mit jemandem befreundet ist: wenn die Person eine Verabredung kurzfristig absagt und man innerlich erleichtert aufatmet.

Freundschaft ist mir wichtig. Aber wenn mich meine Freundin anruft, um zu fragen, wann wir am Sonntag aufs Land fahren, werde ich diesmal nicht die Uhrzeit nennen, die sie hören möchte. Ich weiß, sie ist ab zehn Uhr startklar. Ich versuche auch immer pünktlich zu sein, schaffe es aber nie. Die Katzen müssen versorgt werden, das Frühstück und die Betten gemacht. Abgehetzt komme ich meistens nach elf Uhr bei ihr an, sie ist wütend. Mit Recht. Okay, nächsten Sonntag verkünde ich ihr, dass wir um zwölf Uhr losfahren. »So spät«, wird sie schimpfen, aber das halte ich aus. Sie auch.

Ich habe keine Lust mehr, es allen recht zu machen. Falls mir deswegen jemand Egoismus vorwirft, kann ich sicher sein, dass es sich ebenfalls um einen Egoisten handelt. Ach, noch ganz unter uns: Falls Ihr Nachwuchs eine Praktikumsstelle sucht, fragen Sie mich ruhig. Es ist so schön, wenn man im Ruhestand doch noch für einflussreich gehalten wird.

KAPITEL 20

Warum so sentimental?

Vor Kurzem rief mich ein älterer Freund mit belegter Stimme an. Weinte er etwa? Ich vermutete schon Schlimmes. Waren seine Cholesterinwerte vielleicht zu hoch? Jemand aus der Familie schwer krank? Auf meine vorsichtige Nachfrage erklärte er, seinen Enkel zum Flughafen gebracht zu haben. Der Junge würde zukünftig ein Internat in England besuchen. Der Abschied habe ihm schier das Herz zerrissen.

So außer Fassung hatte ich meinen Freund selten erlebt. Früher ein ausgefuchster Geschäftsmann, in seiner aktiven Zeit der Schrecken der Konkurrenz! Keineswegs zimperlich im Durchsetzen seiner Strategien. Wenn er im hocheleganten blauen Zweireiher verhandelte, war er der König von allen. Und jetzt wie ein Häufchen Elend, nur weil der Enkel sich für eine überschaubare Zeit im Ausland aufhalten würde?

Aber das beobachte ich jetzt häufig in meinem privaten Soziotop: Das Älterwerden verstärkt unsere Empfindsamkeit.

Aus heiterem Himmel bekommt man nasse Augen, nur weil ein Hundebaby so niedlich aussieht oder ein Länderspiel stattfindet. Ich muss es gestehen: Beim Abspielen der Nationalhymnen wird mir seit Neuestem ganz warm ums Herz. Nicht nur bei der deutschen, sondern auch bei der des Gegners bekomme ich einen Kloß im Hals. Genauso geht es mir bei jeder Eurovisionssendung, wenn die Europa-Fanfaren feierlich erklingen. Ich kann nichts dagegen tun, ich bin ergriffen. Ein wohliger Schauer jagt mir den Rücken runter. Was hat das mit dem Älterwerden zu tun? Lassen wir uns von Gefühlen einfach überwältigen, die wir früher im Job im Griff hatten? Und weil uns manchmal bewusst wird, dass wir uns nicht mehr im Zentrum des Geschehens befinden. Das löst dann diesen Gänsehaut-Moment bei mir aus, wenn ich mit Millionen anderen Zuschauern gemeinsam vor dem Bildschirm sitze und wir alle das Gleiche fühlen. Ausgerechnet ich, die sich früher über Männer lustig gemacht hat, die in Tränen ausbrachen, weil ihr Lieblingsspieler eine Rote Karte gezeigt bekam.

Nennen Sie mich ruhig »tränensusig«. Dieses seltsame Wort habe ich in dem Buch »Der geschenkte Gaul« von Hildegard Knef gefunden. Die Stelle lautet: »Manchmal habe ich Sehnsucht nach Pommern, nach Westpreußen, nach Schneidemühl, aber das kommt, wenn man alt wird, dann wird man tränensusig.«

Das Verführerische an der Rührseligkeit ist dieses tiefe Empfinden. Man ist ganz bei sich, fühlt sich auf geradezu pathetische Weise mit dem Leben, dem

Sein, dem Universum verbunden. Das verstärkt sich mit den Jahren, und im Ruhestand gibt es sowieso viele Momente, in denen wir sentimental werden, etwa, weil wir der Vergangenheit nachtrauern. »Das gibt's nur einmal, das kommt nicht wieder, das ist zu schön, um wahr zu sein«, sang Lilian Harvey in dem Film »Der Kongress tanzt« aus dem Jahr 1931. Schon wieder ein Lied, bei dem ich Pipi in den Augen habe ... Vielleicht werden wir so dünnhäutig, weil wir uns in der nachberuflichen Zeit nicht mehr so zusammennehmen müssen. Wenig überraschend sind es oft die Powertypen von gestern, die bei kleinster Gelegenheit unerwartet empfindsam reagieren. Als müsste endlich raus, was während der Karriere wie in einem Dampfdrucktopf still vor sich hin geköchelt hat. All die verdrängten Emotionen, die jetzt explosionsartig nach oben schießen.

Bei Langzeitstudien, die sich mit der Frage befassen, ob und wie sich die Gefühlswelt von Seniorinnen und Senioren verändert, kam heraus: Einerseits sind die meisten älteren Menschen gelassener, weil bestimmte Gehirnregionen weniger aktiv auf negative Emotionen reagieren. Andrerseits können sie aufgrund ihrer Lebenserfahrung die Gefühle anderer besser nachempfinden. Diese Empathie macht ältere Menschen aber auch so empfindsam. Sie wissen, wie sich Freude oder Schmerz anfühlen. »Emotionen sind der Strohhalm, mit dem der Drink umgerührt wird«, sagt der Psychologe Robert Levinson von der Universität Berkeley. Der Drink steht für ihn sinnbildlich für das Leben schlechthin. Lassen wir sie also raus, all die Gefühle, durch die wir uns erst lebendig fühlen. Da kommt doch Bewegung in den Ruhestand.

Wenn »Sissi – Schicksalsjahre einer Kaiserin« im Fernsehen läuft, finden Sie mich garantiert auf dem Sofa zwischen feuchten Taschentüchern. Zum Heulen schön, wenn Romy Schneider nach monatelanger Trennung ihre kleine Tochter in Venedig wieder sieht! Sie rafft ihre Spitzenrobe, läuft ihr entgegen, breitet die Arme aus und sinkt schließlich überwältigt auf die Knie. Das venezianische Volk, vorher in eisiger Ablehnung dem Kaiserpaar gegenüber, bricht gerührt in »Viva la mamma«-Rufe aus. Die Glocken läuten, weiße Tauben fliegen hoch, die Tränen fließen.

Da bekomme ich im Bauch ein warmes Gefühl, das wie Hefeteig langsam aufquillt. Ich bade in Empfindungen, tauche ein in die wunderbare Welt der Melancholie und Schwärmerei. Ich katapultiere mich in einen diffusen Schwebezustand, weit weg von der Wirklichkeit. Deswegen liebe ich das Herz-Schmerz-Kino, auch wenn ich mich sonst als aufgeklärt und realistisch beschreiben würde. Es ist wie Gummibärchen naschen: ungesund, man kann aber nicht damit aufhören.

Um meinen Ruf als intelligente Person nicht ganz zu verlieren: Einmal habe ich einer Film-Jury angehört. Wir wählten Autorenfilme mit hohem künstlerischem Anspruch. Die allerdings beim Publikum gnadenlos durchfielen, weil zu verwirrend oder deprimierend. Auch ich schlich aus manchen Filmen wie ein begossener Pudel hinaus, wenn ein Regisseur mir mal wieder klargemacht hatte, wie kompliziert und kaputt die Welt doch ist.

Glücklicherweise muss ich heute nicht mehr so tun, als würden mich diese cineastischen Stimmungsbremsen interessieren. Ich bin alt genug, um mir nur noch Filme reinzuziehen, die wie Weichspüler für die Seele wirken. Ich weine gerne, im Kino oder vor dem Fernseher. Das hat etwas Befreiendes und Reinigendes zugleich.

Kennen Sie »Der kleine Lord«? *Der* Kitschfilm schlechthin! Falls Ihnen die Story entfallen sein sollte: Der achtjährige, leider enterbte Cedric steht allein vor dem Weihnachtsbaum und vermisst seine vom alten Lord verstoßene Mutter. Die Traurigkeit verfolgt ihn wie ein anhängliches Hündchen. Doch dann tritt die Mutter wie von Zauberhand geführt hinter dem Baum hervor. Der böse Lord hatte ein Einsehen, mutierte zum gütigen Großvater, und alle liegen sich in den Armen. Vor Erleichterung bin ich bereit zu glauben: Die Welt ist doch ein besserer Ort. Und jetzt der Griff zum Taschentuch!

Das Schöne an solchen sentimentalen Augenblicken ist doch, dass ich mich dabei sehr lebendig fühle. Deswegen schluchze ich, wenn Kate Winslet nach dem Untergang der Titanic auf einer Holzplanke im Eismeer treibt und Leonardo DiCaprio ihr das Versprechen abnimmt, zu überleben. Bevor er dann vor ihren Augen erfriert und untergeht? Ich habe den

Film schon zehnmal gesehen, aber warum muss ich bei dieser Szene jedes Mal so hemmungslos weinen? Als ob ich selbst gerade die Liebe meines Lebens verloren hätte! Weil ich mich danach sehne, ebenso edelmütig und tapfer zu kämpfen wie diese Filmfiguren. Der Gedanke, ich könne meinen Teil dazu beitragen, diese Welt zu retten ... ach, reichen Sie mir doch bitte mein Taschentuch.

Es gibt so viele abgestumpfte Menschen in meinem Alter, die sich resigniert zurückgezogen haben. Ich sehe, wie sie mit gesenkten Köpfen durch die Stadt laufen, als würden sie sich für ihr Alter schämen. Es müsste ein emotionales Erlebnis auf Rezept geben. Etwas, was sie so wachrüttelt, dass sie wieder Freude am Leben spüren. Ein gefühlvoller Film vermag das, auch Musik, die uns rührt. Wir brauchen solche Momente, die uns erschüttern. Das Gehirn überflutet uns dann mit chemischen Glückshormonen, Serotonin und Dopamin wirken verjüngend und positiv auf unser Wohlbefinden.

Meine Freundin Inge, jetzt über 80, geht gern zu Hochzeiten. Wenn sich das Brautpaar das Ja-Wort gibt, fließen bei ihr die Tränen. Aber nicht aus Rührung. Sie ist vielmehr erfüllt von Wehmut, weil sie um all die Klippen und Stolpersteine in der Ehe weiß. »Was die beiden noch alles durchmachen müssen«, seufzt sie voller Mitgefühl. Ich habe den Eindruck, dass sie die Traurigkeit wie ein belebendes Glas Champagner genießt.

Dazu ein schöner Satz: Wer sentimental ist, macht mit seinen Gefühlen einen kleinen Umweg, damit er nicht in die Abgründe von wirklicher Trauer oder Verzweiflung fällt. Und es gibt mit zunehmendem Alter doch einige Gründe, wehmütig zu werden. Um es mit Loriot zu sagen: Früher war mehr Lametta.

Einmal wartete ich mit meiner Freundin nachts im Auto in einem dunklen Hinterhof. Sie hatte mich gebeten, mitzukommen. Wir starrten zu einem Fenster hoch, wo ihr damaliger Freund wohnte. Sie hatte den Verdacht, dass er eine andere hatte. Stundenlang hockten wir da, ereiferten uns in Zorn und Wut über Männer und überhaupt. Wir waren erregt, aber auch auf eine besondere Weise glücklich, weil alles so intensiv war. Das vermisse ich manchmal in meinen späten Jahren: diese vibrierende Energie!

Ab einem bestimmten Alter wird uns bewusst, dass es vieles gibt, was vorbei ist oder was wir nicht mehr erleben werden. Warum habe ich mich nicht früher selbstständig gemacht? War ich nicht stark genug? Und wieso habe ich die Reise auf die Lofoten immer wieder verschoben? Jetzt ist es vielleicht zu spät. Kein Wunder, wenn unser Herz an einigen Stellen Hornhaut bekommt.

Einer meiner Freunde, früher rastloser Reporter, kriegt jedes Mal feuchte Augen, wenn er einen Film sieht, in dem es um Vater und Sohn geht. Er, der abgebrühte Erfolgstyp, der in der Rushhour des Lebens kaum Zeit für den eigenen Sohn hatte, wird jetzt überrollt von sentimentalen Gefühlen. Manchmal sind

Filme oder eine bestimmte Musik der Zugangs-Code zum Inneren Ich. Aufgewühlt kreist man in Selbstmitleid um sich selbst. Kein Grund, sich zu schämen. Rührseligkeit ist, wie wenn man sich selbst umarmt.

Erich Fromm beschreibt Sentimentalität als »Gefühl unter der Voraussetzung völliger Distanziertheit. Man fühlt zwar, aber man ist nicht wirklich konkret auf etwas in der Realität bezogen.« Einfacher ausgedrückt: Man weint und weiß nicht, warum. Aber anschließend putzt man sich die Nase und fühlt sich erleichtert. »Da trinkt man 'n Eierlikörchen, das Leben muss ja irgendwie weitergehen«, sagt Hape Kerkeling als Kind in dem autobiografischen Film »Der Junge muss an die frische Luft«.

KAPITEL 21

Wohnen im Alter

Während ich hier an meinem Computer arbeite, muss ich mich zur Ordnung rufen. Jetzt nicht aufstehen, um ein Bild umzuhängen, den Schreibtisch nach rechts zu rücken oder den abgetretenen weißen Dielenboden zu streichen. Ich bin ein wohnsüchtiger Mensch. Und lasse mich zu gern von der Arbeit ablenken, auch vom Schreiben dieses Buches, wenn es um die Optimierung meiner Umgebung geht.

Wahrscheinlich ein Gen-Defekt: Ich leide unter optischer Disharmonie wie jemand mit absolutem Gehör unter Misstönen.

Diese Sucht nach optischer Perfektion kollidiert allerdings mit manchen Maßnahmen, die eine altersgerechte Wohnung verlangt. Fangen wir mit meiner Badewanne an. Ein edles Designerteil, frei stehend, wie man es in Wohnmagazinen sieht. Und dann kam der Tag, an dem ich nicht mehr problemlos aus meinem Schaumbad steigen konnte. Normalerweise richte ich mich auf, aber verblüffenderweise fehlte mir die Kraft dazu. Ein plötzlicher Schwindel,

Anzeichen beginnender Altersschwäche? Egal, jetzt wäre ein Haltegriff sinnvoll gewesen. Gibt es aber nicht bei einer frei stehenden Badewanne. Sie soll ja cool und stylisch aussehen.

Kurz stellte ich mir die Schlagzeile vor: Ehemalige Chefredakteurin von Feuerwehr aus Badewanne befreit! Ich wechselte lieber vorsichtig von der sitzenden in eine kniende Position, um mich am Wasserhahn hochzuziehen. Heilfroh, dass mich niemand dabei beobachtete. Leider war ich nun verunsichert. Was, wenn ich über den Wannenrand stieg und in einer Wasserpfütze ausrutschte? Die Steilvorlage für einen Oberschenkelhalsbruch. Auf Badewannen-Vorleger hatte ich bis dato aus stilistischen Gründen – Sie verstehen mich sicherlich – verzichtet.

Wenigstens befand ich mich in mondäner Gesellschaft, wie ich hinterher feststellte. Mein Freund Wolfgang Joop ist mit 74 Jahren im Badezimmer auf nassem Boden ausgerutscht. Er brach sich das linke Sprunggelenk und musste operiert werden. Wahrscheinlich auch er ohne Flausch-Vorlage!

Das war der Zeitpunkt, an dem ich mein Zuhause mit anderen Augen zu betrachten begann. Ich hatte stets auf die Ästhetik geachtet, auf einmal beschäftigte mich die häusliche Sicherheit. Vor allem, nachdem ich gelesen hatte, dass ein Drittel aller über 65-Jährigen mindestens einmal pro Jahr stürzt. Hauptsächlich wegen Stolperfallen.

Bräuchte mein Teppich nicht eine rutschfeste Unterlage? Kann man sich als Einrichtungs-Freak mit

Haltegriffen neben der Toilette, beidseitigen Handläufen im Treppenhaus und Gummimatten in der Dusche anfreunden? Und noch andere Dinge sprangen mir ins Auge. Für mein deckenhohes Bücherregal brauche ich eine Leiter, falls ich etwas aus den oberen Fächern holen will. Eine Leiter! Ich kenne inzwischen etliche Geschichten von Menschen in meinem Alter, die in ähnlicher Situation mit einer Leiter umgekippt sind und sich sonst was gebrochen haben. Ich zitiere nur ungern, was ich auf einer medizinischen Internetseite gelesen habe: »Sich auf Schritt und Tritt sicher zu fühlen, ist mit zunehmendem Alter keine Selbstverständlichkeit mehr. Gleichgewichtsstörungen, Gangunsicherheit und Schwindel machen vielen Senioren zu schaffen.« Wer will denn so etwas wissen?

Wenn man sich erst einmal in das Thema altersgerechtes Wohnen vertieft, landet man bei der Sitzerhöhung für das WC, bei rutschfesten Fliesen, Greifhöhen für Rollstuhlfahrer und barrierefreien Räumen. Da kann man ja gleich ins Seniorenheim umziehen!

Bisher hatte ich beim Einrichten nur auf meinen Geschmack gehört. Mein neues Sofa zum Beispiel, breit und bequem. Tiefgelegt wie ein Formel-1-Rennwagen, was besonders cool aussieht. Mir ist natürlich aufgefallen, dass einige meiner Gäste instinktiv einen großen Bogen darum machen. Wahrscheinlich muss man ein Yogi-Meister sein, der den Vierfüßlerstand mit seitlicher Drehung beherrscht, um sich einigermaßen elegant aus den Polstern hochwinden zu können. Vielleicht sollte ich die Achtsamkeit, die ich sonst meiner Einrichtung schenke, auch der Unversehrtheit meines Körpers gönnen.

Der häusliche Frieden war allerdings gefährdet, als ich meinen Lebensmenschen ertappte, wie er eine Anzeige für einen Treppenlift studierte. Gefasst versuchte ich darauf hinzuweisen, dass es Grenzen beim altersgerechten Wohnen gibt, und zitierte meinen Freund Karl Lagerfeld in leicht abgewandelter Form: Wer einen Treppenlift braucht, hat die Kontrolle über sein Leben verloren. Mein Herzensmensch konterte mit dem Hinweis auf den Film »Zeugin der Anklage« von 1957. Da schwebt der brillante Charles Laughton als alternder Anwalt auf dem Treppenlift in die Empfangshalle, wo Marlene Dietrich wartet. Ich erklärte, dass ich nichts gegen einen Treppenlift hätte, wenn in unserer Diele Marlene Dietrich warten würde, und nicht unsere Putzfrau. Immerhin halte ich mich seit Neuestem beim Treppensteigen am Geländer fest.

Das Thema »altersgerecht wohnen« ist jetzt bei mir eingezogen und so willkommen wie Schimmel an der Wand. Früher habe ich eigenhändig volle Geschirrschränke von einer Ecke in die andere geschoben. Heute kann ich nicht einmal mehr den Sonnenschirm ohne fremde Hilfe öffnen. Man braucht wirklich viel Kraft, um den Schirm so weit nach oben zu drücken, dass der Nippel in das vorgesehene Loch geführt werden kann.

Am meisten kämpfe ich gegen Stolperfallen. Wie ein Eichhörnchen sein Winterquartier auspolstert, so habe ich im Laufe der Jahre mein Zuhause mit schönen Dingen gefüllt. Möbel, Bücher, Bilder, Kunstobjekte. Früher stellte ich mir gerne vor, wie ich im Ruhestand meine Schätze begutachten und genießen würde. Wussten Sie, dass der Durchschnittseuropäer heute rund 10 000 Gegenstände besitzt? Ich verdoppele das noch einmal für mich. Meine Sammelleidenschaft hat einen gefährlichen Effekt: Ich stoße dauernd gegen etwas, oder schlimmer noch, stolpere. Gelegentlich stelle ich mir vor, dass ich das Haus verlasse, die Türe hinter mir zuschließe und ein neues Leben beginne. Einfacher, ohne all den Besitz, der neben der Freude auch Arbeit und Organisation bedeutet.

Ein Ex-Manager aus meinem Freundeskreis hat es mir vorgemacht und sein Penthaus, um das ihn alle beneideten, verkauft. Er habe zunehmend das Gefühl gehabt, dass nicht er die Dinge besitzt, sondern sie ihn! Nach einem anstrengenden Arbeitsleben wollte er endlich die große Freiheit genießen. Mit einem Luxus-Camper und seinem Hund fuhr er los. Um die Geschichte abzukürzen: Nach einem halben Jahr war er wieder da. Die Reise durch Europa sei ein wunderbares Abenteuer gewesen, erklärte er, aber Freiheit schmecke nicht ohne Freunde. Er habe die vertraute Umgebung vermisst. Was nütze die schönste Umgebung, wenn man allein sei?

Alles aufgeben? Ein verführerischer Gedanke, dem ich trotzdem nur kurzfristig nachhänge. »Das Haus ist ein Spiegel unseres Selbst«, sagt die renommierte Architekturprofessorin Clare Cooper Marcus, und dass wir mit unserer Wohnumgebung Unbewusstes ausdrücken. Dazu gehören Besitztümer, die unsere eigene Identität widerspiegeln.

Es stimmt schon, dass ich mich zwischen all den Gegenständen, mit denen ich mich umgeben habe, geborgen fühle. Sie erinnern mich an schöne Stunden, an Erfolge, an Freunde, an Glück. Aber ich könnte mehr Klarheit in meiner Umgebung schaffen. Wie die meisten Menschen möchte ich in den eigenen vier Wänden so lange selbstbestimmt leben, wie es nur irgendwie geht.

Aber wann ist der richtige Zeitpunkt, um die Wohnverhältnisse dem Alter anzupassen? Bin ich irgendwann so zerstreut, dass ich mit einer brennenden Kerze meine Vorhänge in Brand setze? Oder einem falschen Polizisten die Türe öffne und ihm mein Bargeld überreiche? Vergesse, die Herdplatte auszuschalten?

In rund zehn Jahren, so die Statistik, werden rund 30 Prozent der deutschen Bevölkerung über 65 sein. Eine neue Generation von Oldies, die fitter, geistig beweglicher und unternehmungslustiger sind als jede Generation vor ihnen. Die meisten werden mindestens noch 20 Jahre vor sich haben und wollen, wie auch ich, diese Zeit sinnvoll und kreativ verbringen. Dazu gehört ein möglichst selbstbestimmtes Leben in der eigenen Wohnung. Und wenn das aus gesundheitlichen Gründen nicht mehr geht? Eine lebenslustige Freundin, sie ist 79, lebt allein und meint, sie würde durchaus in eine Seniorenresidenz ziehen. Aber nur, wenn sie Mitspracherecht habe, wer ihre Nachbarn seien. Sie wolle jedenfalls nicht in griesgrämige, alte Gesichter schauen. Glücklicherweise wohnt sie in einem Mehrfamilienhaus, wo nette junge Mieter sich immer höflich anbieten, ihr die Einkaufstaschen in den 4. Stock zu tragen.

Eine andere Bekannte hat sich für eine superschicke und neu gebaute Wohnung entschieden, die der Makler »modern und altersgerecht« anpries. Beim Einzug drückte er ihr ein Tablet in die Hand, mit dem sie die ganze Elektronik steuern kann. Jetzt ist sie einem Nervenzusammenbruch nahe. Als sie auf das Tablet tippte, um die Jalousien zu öffnen, sprang die Klimaanlage an. Beim Versuch, den Kaffeeautomaten zu programmieren, startete der Fernseher. Und als sie mithilfe des Tablets abends ihre Nachttischlampe ausschaltete, stellte sie ahnungslos den ganzen Strom ab. Das merkte sie erst am nächsten Morgen, weil die Kühltruhe inzwischen abgetaut und alles Tiefgefrorene aufgeweicht war. Sie lebt zwar in einer barrierefreien Wohnung, aber vor Kurzem ist sie über ein Hundespielzeug gestolpert und hat sich drei Zehen gebrochen.

Was also sind die Alternativen für Wohn-Freaks wie mich? Ich kenne interessante Experimente, zum Beispiel Freunde, die sich zusammen ein Mehrfamilienhaus gekauft haben, wo man getrennt wohnt, aber gemeinsam leben kann. Das scheint mir jedoch riskant wie ein gemeinsamer Segeltörn. Da weiß man auch erst unterwegs, ob man zusammenpasst.

Weil unsere Gesellschaft immer älter wird, gibt es jetzt viele alternative Wohnformen für Seniorinnen und Senioren. Zu Hause weiter wohnen mit Betreuung! Unter uns: schwierig für misstrauische Menschen. Senioren-Wohngemeinschaften verlangen wie das Leben in einem Mehrgenerationenhaus Bereitschaft für Kompromisse. Das gilt auch für Mitbewohner, die statt Miete Hilfe anbieten, zum Beispiel beim Putzen oder Einkaufen. Eine Alternative ist auch der Umzug in eine Seniorenresidenz, wenn man sich diese leisten kann.

Für mich kommt das meiste davon nicht infrage. Ich will bis ans Ende meiner Tage zu Hause wohnen bleiben. Allerdings wird die Leiter abgeschafft, der Teppich bekommt eine rutschfeste Unterlage, die Badewanne stelle ich an die Wand, damit es einen Haltegriff geben kann. Vielleicht denke ich über einen Treppenlift nach. Im Fernsehen läuft oft eine Werbung, in der ein gut aussehender Senior begeistert damit rauf- und runterfährt.

Aber eines weiß ich genau: Das Hundespielzeug wird weggeräumt.

KAPITEL 22

Es gibt keine falsche Kleidung, nur die richtige Einstellung

Wenn man als Karrierefrau ins Rentnerinnen-Dasein wechselt, lautet eine drängende Frage: Was ziehe ich jetzt an? Im Schrank befinden sich genügend Outfits, die in den letzten 30 Jahren vornehmlich dazu dienten, meinen Chefinnen-Status zu untermauern. Business-Kostüme und Blazer, die nun völlig erschöpft auf Kleiderbügeln hängen. Hohe Schuhe, viel zu unbequem, aber unverzichtbar für eine gestraffte Körperhaltung, die Autorität ausstrahlt. Und was fange ich mit all den Designer-Handtaschen an, die in meinem früheren Dasein als eine Art Eintritts-Code für den Klub der Erfolgsfrauen dienten?

Alles verkaufen? Verschenken? Versenken im Keller? Bringe ich nicht übers Herz. Auf die Gefahr hin, für oberflächlich gehalten zu werden: Alle diese Kleider und Accessoires haben in meinem Leben eine wichtige Rolle gespielt, sind mit Erinnerungen verknüpft. Das Kleid zum Beispiel, das ich bei einer Fotoausstellung von Karl Lagerfeld in Berlin trug: graphitgrau mit rotem Muster, das mich an aufgeblühte Rosen denken ließ. Ich fragte den Meister: »Wie finden Sie mein Kleid?« Er, wie aus der Pistole geschossen: »Sieht aus wie explodierende Tomaten!« Dachte er an die aufgewühlte Berliner Protest-Szene, von der Politiker schon mal mit Tomaten beworfen wurden? Dieses Bild bekam ich nie mehr aus meinem Kopf. Das war's dann für das Kleid, aber ich behalte es, als Anekdote, die mich immer an Karl und sein freches Mundwerk erinnern wird.

Mein Kleiderschrank – ein Tagebuch meiner Karriere. Das grüne Seidenkleid, das ich zu einem Empfang der Obamas angezogen hatte und dessen Farbe Michelle so gut gefiel, was sie mir auch sagte. Wow, war ich stolz. Der Hosenanzug, den ich bei vielen Interviews mit Polit-Persönlichkeiten trug, weil er mich so seriös wirken ließ. Das eine »Bambi«-Abendkleid, in dem ich Johannes B. Kerner das goldene Reh überreichte. Er war so überrascht und gerührt, dass er sich abwenden musste, um seine Tränen zu verbergen.

Ich oute mich gern als Fashionista! Die einen sammeln Oldtimer oder Hummel-Figuren, ich sammle Kleider. Und wie alle Sammler trenne ich mich nur schwer von meinen Schätzen.

Mode wird ja gern als herrlichste Nebensächlichkeit der Welt bezeichnet. Ist sie nicht viel mehr? Ein Gefühlsbarometer unserer Befindlichkeit. Ein

Statement, wer wir sind oder wie wir gesehen werden wollen. Mit allem, was wir uns überstreifen, senden wir bewusst oder unbewusst Signale aus.

»Die ganze Welt ist eine Bühne«, sagte Shakespeare. Wir inszenieren uns mit Kleidern, damit andere von uns einen Eindruck haben.

Ich erinnere mich noch gut an mein Vorstellungsgespräch bei einem großen Hamburger Verlag. Ich kam aus München und wollte meinen jugendlichen Schwung auch optisch präsentieren. Im avantgardistischen Outfit eines japanischen Designers, sehr bunt, in Kombination mit silbernen Cowboystiefeln. In Schwabing hätten mich anerkennende Blicke gestreift, auf dem Flur des Hamburger Verlages starrte man mich wie eine exotische Erscheinung an. So fühlte ich mich auch, denn wer immer mir begegnete, trug Dunkelblau oder Grau. »Sind Sie Künstlerin?«, erkundigte sich die Empfangsdame mit blasiertem Blick auf meine Kleidung.

Ich blieb in München, wo man es mit dem Dresscode lässiger nimmt. Aber auch in einer entspannten Arbeitsatmosphäre kommt es zu modischen Fehlentscheidungen. Zu meiner ersten Chanel-Show erschien ich stolz im roten Mantel, die einzige Frau weit und breit, die in einem Meer aus konsequent schwarz-weißen Outfits wie eine Verkehrsampel aussah. Ich erinnere mich auch an eine Jil-Sander-Modenschau in Mailand, bei der ich ein kurzes, graues Kleid der Designerin trug, allerdings aus der vorletzten Saison. In der Front Row stellte ich betroffen fest, dass alle, wirklich alle Kolleginnen der großen Modemagazine knöchellange Outfits trugen, der Trend der Saison. Man sah kein einziges nacktes Bein, außer meinen!

Wissen Sie, wie ich mich fühlte? Wie damals auf dem Schulhof, als die angesagten Mädchen alle Schottenröcke und Peter-Scott-Pullis hatten. Eine Uniform, die darüber entschied, ob man dazugehörte und zu den Partys eingeladen wurde. Ich stand abseits auf dem Schulhof wie auf einem fremden Stern. In einem babyblauen Mohair-Kleidchen, weil ich die Klamotten meiner älteren Schwester auftragen musste. Damals habe ich zum ersten Mal begriffen, dass Kleidung über gesellschaftliche Akzeptanz entscheiden kann – und wie es sich anfühlt, wenn man als Mitglied im Klub der Uncoolen landet.

Das änderte sich, als ich Jack Kerouac entdeckte, Held der Beatnik-Literatur, der sich in seinen Büchern als Outlaw der Gesellschaft inszenierte. Die Faltenrock-Fraktion, zu der ich so gern gehört hätte, erschien mir auf einmal spießig und altbacken. Es wurde sehr wichtig, den inneren Protest auch äußerlich zu demonstrieren. Zu meinem neuen Lebensgefühl passte die ausgebeulte Lederhose meines Bruders, die ich mit Gummistiefeln trug. Die schrägen Blicke meiner Mitschülerinnen konterte ich mit einem Satz von Jack Kerouac: »Große Dinge werden nicht von denen erreicht, die Trends und Moden und der öffentlichen Meinung nachgeben.« Bedeutsame Worte, aber sie stammen von einem Mann, der nicht wissen konnte, dass Frauen sich in Wahrheit nicht für das männliche Geschlecht, sondern für Frauen anziehen. Wir wollen von denen bestaunt werden, die einschätzen können, wie geschmackvoll und individuell wir sind. Und was für einen finanziellen Aufwand wir uns leisten können.

Ich habe immer Frauen beneidet, die einen eigenen Stil für sich entwickelt und konsequent umgesetzt haben. Audrey Hepburn zum Beispiel, ein unerreichbares Idol. Perfekt von der Kurzhaarfrisur bis zu ihren schmalen Etuikleidern und Ballerinas. Aber irgendwann musste ich leider einsehen, dass man aus einem Haflinger-Pony keine Araberstute zaubern kann.

Was ich nie geschafft habe: mich auf einen Stil festzulegen. Bei mir ist es mit der Mode wie mit dem Dax-Kurs, dessen Fieberkurve von unterschiedlichen Ereignissen und Strömungen beeinflusst wird. So verirrten sich einige Zeit Hosenträger und Krawatten in mein Outfit, wie ich es bei Diane Keaton in dem Woody-Allen-Film »Der Stadtneurotiker« gesehen hatte. Nach dem Film »Harry und Sally« ließ ich mir wie Meg Ryan eine Dauerwelle machen, was bei meinen glatten Spaghetti-Haaren keine gute Idee war. Meine Vorliebe für Latzhosen muss das Resultat amerikanischer TV-Serien wie »Unsere kleine Farm« aus den 1980ern gewesen sein. Die guten Mädchen trugen Latzhosen, lehnten an Pferdekoppeln und sahen aus, als wären sie einem Werbefilm für blitzsaubere Wäsche entsprungen. Die Jungs verliebten sich meist erst in das falsche Mädchen, eine affektierte

Cheerleaderin, bis sie ihren Irrtum einsahen und sich für das richtige Mädchen entschieden. Das mit der Latzhose.

Als ich den Film »Jenseits von Afrika« sah, war ich hin und weg von dem cremefarbenen Safari-Look, in dem Meryl Streep die dänische Baronin Tania Blixen verkörperte. Es ist die wahre Geschichte einer mutigen Frau, die vor dem Ersten Weltkrieg in Kenia eine Kaffee-Farm leitete. Das löste bei mir nostalgische Sehnsüchte nach einer untergegangenen Welt aus. Mit einer Freundin flog ich zwar nicht nach Afrika, aber nach Singapur. Im Safari-Look, komplett durchgestylt mit englischen Reithosen aus weißem Leinen, mit hochgeknüpften Blusen und altmodischen Ledertaschen, die an Schmetterlingsboxen erinnerten. Zwei englische Ladies, die der Kronkolonie einen Besuch abstatteten. Wir verknüpften unser Reiseziel mit ziemlich romantischen Vorstellungen. Tee-Time im berühmten Raffles-Hotel, Treffpunkt der Kolonial-Gesellschaft. Unter dem Billardtisch soll einmal ein Tiger gelegen haben, und die Gentlemen konnten sich nicht einigen, ob weitergespielt werden sollte oder nicht. In einer hochmodernen Shopping-Mall landeten wir wieder in der Gegenwart. Um uns herum die schicksten Frauen in angesagten Designer-Klamotten. Großstädtisch eben, wir hätten auch in Paris oder New York sein können. Dazwischen wir, wie ein schlechter Einfall vom Tourismus-Büro, um an die »gute alte Zeit« zu erinnern.

Wenn das Arbeitsleben vorbei ist, die Kinder aus dem Haus, der Mann auf dem Motorrad unterwegs in den zweiten Frühling, ziehen sich viele Frauen in die innere Emigration zurück und haben keine Lust mehr, ihr Tagesgefühl mit modischer Kleidung auszudrücken. Sie wählen die Unscheinbarkeit wie eine Selbstbestrafung. Bloß nicht mehr auffallen, man ist ja nicht mehr interessant. Sie tragen alte Sachen auf, denn »für wen soll ich mich noch schön machen?«. Sie trauen sich nicht einmal in die Läden von Zara & Co., weil sie glauben: »Dafür bin ich zu alt!«

Von Fashion-Magazinen kann die Frau 60 plus keine große Hilfe erwarten. Moderedakteurinnen nehmen offenbar an, dass sich das Leben von Rentnerinnen und Pensionärinnen vorzugsweise zwischen Bad Wörishofen und der Enkelbetreuung abspielt. Statt Punk wird Homewear empfohlen. Funktionskleidung ersetzt Fashion. Styling-Tipps, die man vorzugsweise in Gesundheitsbeilagen findet, preisen Outfits an, die »kaschieren«, die Figur »umhüllen«, die »bequem, und doch lässig« sind. Empfohlen werden neutrale Farben, wobei mich das beliebte »Rentner-Beige« an eine verunglückte Béchamelsoße erinnert.

Wie traurig, wenn man sich wie in Sack und Asche kleidet, nur weil man glaubt, dass es sich nicht mehr lohnt, modischen Aufwand zu treiben! Dabei ist das Alter genau die Gelegenheit, mit allen möglichen Stilen zu experimentieren. Lassen wir uns nicht einreden, dass es sich ab einem bestimmten Alter nicht mehr schickt, nackte Arme oder Knie zu zeigen.

Oder dass hautenge Kleider nur an jungen Frauen sexy aussehen.

Wir ziehen uns an, wie wir uns fühlen. In jeder von uns steckt doch noch ein junges Mädchen, das bei Sonnenschein ein wehendes Blümchenkleid tragen will und das bei der richtigen Musik automatisch zu rocken beginnt.

Die Frage, was ich anziehe, beschäftigt mich jeden Tag aufs Neue. Das Angenehme beim Älterwerden ist: Ich muss keine Rücksicht mehr auf die Ansichten anderer nehmen. Kein Blick mehr in den Terminkalender werfen, ob ich ein seriöses Outfit für ein Kundengespräch wählen muss. Im Gegenteil, mein Kleiderschrank ist wie der Fundus eines Kostümverleihs. Ich verkleide mich eigentlich täglich. Mit goldenem Käppi auf die Hundewiese. Im Glitzerkleid und dicken Boots zum Supermarkt. Glotzt jemand, weil ich in Tüllrock und Lederjacke mit meiner Clique in der Schumanns-Bar sitze? Oder fragen sich alle, was für ein Designer-Stück meine Freundin Renate da um den Hals trägt? Eine Kette aus kindskopfgroßen weißen Kugeln, die sich als Untersetzer für Töpfe herausstellt. Renate liebt mit ihren 79 Jahren die modische Provokation. Cocktailkleider trägt sie vorzugsweise tagsüber, weil es im Moment, zu Pandemiezeiten, zu wenige Einladungen für Cocktailpartys gibt.

Ist es nicht herrlich, wenn wir immer noch unsere Umwelt verblüffen und entzücken können? Weil wir uns mit Kleidern neu erfinden und in Rollen schlüpfen können, nach denen uns gerade ist? Wir wirken niemals lächerlich, wenn wir unseren Gefühlen folgen. Das gilt höchstens für die, die das für unschicklich halten.

Kennen Sie Iris Apfel? Wahrscheinlich haben Sie sie schon einmal in einer Anzeige oder auf dem Cover einer Modezeitschrift gesehen. Die exzentrische New Yorker Mode-Ikone mit Vorliebe für riesige bunte Brillen, knallroten Lippenstift und papageienfarbene Kleider ist 99 Jahre alt. Der beste Beweis, dass Mode keine Frage des Alters ist. Sie wird für Anzeigen gebucht, schrieb ein Buch über Stil und sagt: »Wenn du jung bleiben willst, musst du jung denken.«

Lassen wir uns nie auf »altersgerechte« Mode reduzieren.

Mein Motto: Je oller, desto toller!

KAPITEL 23

Meine wichtigste Liste

Was ich im Alter nicht mehr brauche:

- Endlos-Konferenzen mit Typen, die der Meinung sind, dass zwar alles gesagt wurde, aber noch nichts von ihnen
- Enthaarung meiner Bikini-Zone
- hohe Schuhe
- zu klein gedruckte Bücher
- Langweiler, zu denen ich höflich sein muss, weil sie wichtige Geschäftskunden sind
- Verkäuferinnen, die mir viel zu enge Kleider zum Anprobieren bringen, obwohl ein Blinder sehen müsste, dass ich nicht mehr Größe 38, sondern 44 trage
- Verkäuferinnen, die mir ein Outfit in schreiender Farbe bringen und behaupten: »Das macht Sie jünger.«
- Sportwagen, in die ich mich wie ein Klappmesser fallen lassen muss und nie wieder herauskomme

- Freundinnen, die beim Shopping zu mir sagen: »Das brauchst du nicht mehr.«
- Freundinnen, die beim Shopping zu mir sagen: »Das hast du doch schon.« Als ob man jemals zu viele schwarze Rollkragenpullover haben könnte ...
- Leute, die vor acht Uhr morgens oder während der Tagesschau anrufen
- Katastrophenschnüffler, die mit scheinbarer Besorgnis fragen, wie es mir geht, und wenn ich mit »gut« antworte, ungläubig nachhaken: »Wirklich? Verheimlichst du mir etwas?«
- Frauengespräche über fliegende Hitze
- Freunde, die mich beim Essen aufklären, dass ich durch meinen Burger einen gewaltigen ökologischen Fußabdruck hinterlasse
- Gespräche über eine Gehaltserhöhung
- Freunde, die mich bitten, für ihre Hunde da zu sein, falls sie zum Beispiel bei einem Flugzeugabsturz ums Leben kommen. Und dann erfahre ich, dass es sich dabei um zwei lebhafte Labradore handelt.
- Joggingrunden mit Sportsfreunden, die beim Laufen auch noch über ihre verkorkste Beziehung reden können
- Unterwäsche-Verkäuferinnen, die mir erklären, dass ich bei meiner Oberweite »Halt« brauche
- Hausgäste, die meine Zeitung zuerst lesen und sie dann unsortiert und zerknittert zurückgeben

- weibliche Gegenüber im Restaurant, die, wenn ich ein Dessert bestellt habe, indigniert sagen: »Für mich bitte nichts Süßes.«
- ein Wiedersehen mit ehemaligen Liebhabern, die mich kannten, als ich 30 Jahre jünger und 15 Kilo leichter war

KAPITEL 24

Will ich recht haben, oder einen schönen Abend?

Kennen Sie dieses Gefühl der Enge, wenn man mit anderen im Aufzug fährt? Jeder drückt sich in eine Ecke und hat nur einen Wunsch: Bloß raus hier! Eine ähnliche Beklemmung überfällt uns gelegentlich auch im Ruhestand. Menschen, die wir lieben, ehren und achten, engen uns unvermittelt ein. Wir haben das dringende Bedürfnis, ein Fenster aufzureißen, aus dem Raum zu laufen, alleine zu sein. Und das hat nichts mit der Größe der Wohnung zu tun. Auch im Buckingham Palace mit seinen 700 Zimmern gehen sich einige Bewohner auf die Nerven, wie uns etliche Skandale in der britischen Königsfamilie verraten haben. Selbst wenn man sich theoretisch aus dem Weg gehen könnte, reibt man sich an Personen, deren Macken und Eigenarten man jahrelang eher amüsiert zur Kenntnis nahm. Aber das war zu Zeiten, als man noch berufstätig war und sich schon deswegen nicht ständig über den Weg lief. Solche klaustrophobischen Symptome entstehen, wenn man sich erst wieder an den Partner gewöhnen muss. Der gemeinsame Rhythmus muss gefunden werden. Vielleicht gab es ihn ja auch nie, was man erst jetzt bemerkt, wo man so viel Zeit miteinander verbringt.

Es können natürlich auch die erwachsenen Kinder sein, die einen einengen, weil sie wie selbstverständlich annehmen, dass man für sie wieder zuständig ist. Meine Freundin Karin, die als berufstätige, alleinerziehende Mutter alles im Griff hatte, regt sich als Rentnerin über ihre Tochter auf, die von ihr erwartet, dass sie die Enkelkinder nach der Schule bis abends betreuen soll: »Sie ist nicht einmal dankbar, sondern findet das normal! Ihr kommt nicht der Gedanke, dass ich eigene Pläne haben könnte.« Meinen zarten Hinweis, einmal Nein zu sagen und sich nicht länger ausnützen zu lassen, kontert sie mit einem mitfühlenden Gesicht. Schon verstanden, der Nachwuchs hat immer Vorfahrt.

Dabei wird man im Alter dünnhäutiger und spürt leider auch, wenn Beziehungen nur durch die eigene Nachgiebigkeit funktionieren. Mein Nachbar etwa, der sich dauernd etwas ausleiht! Dagegen hätte ich nichts, solange er mir den Kochtopf, den Bohrer, die Leiter zurückbringen würde. Tut er aber nicht, und ich scheue mich davor, ihn daran zu erinnern. Ich würde mir ja gern einreden, dass ich uns beide eine peinliche Situation ersparen möchte. Aber in Wahrheit geht es nur um mich und mein Image als hilfreicher Mensch. Ich schone *mich*, nicht ihn. Eine Einsicht, die mir erst der Ruhestand verdeutlichte. Als hätte ich auf einmal ein Vergrößerungsglas vor Augen, das mir klarmachte: Ich bin umzingelt von Menschen, die mir mit ihren Ansprüchen und Forderungen buchstäblich die Luft zum Atmen nehmen. Die Freundin, die sich stundenlang am Telefon über ihren untreuen Mann auslässt, ohne dass ich eine Chance hätte, sie zu unterbrechen. Und die selbst selten Zeit für meine Probleme hat. Oder die Bekannten, die sich schon zum dritten Mal im Sommer für zwei ganze Wochen bei mir zu Hause eingenistet haben, weil sie das Geld fürs Hotel sparen wollen. Ein Wochenende hätte ich ja noch eingesehen, aber 14 Tage? Warum habe ich das geduldet, obwohl ich mich geärgert habe?

Weil ich durchsetzungsschwach oder harmoniesüchtig bin? Solange ich berufstätig war, hatte ich die bequeme Ausrede, zu beschäftigt zu sein, um mir noch zusätzlichen Verdruss aufzuladen. Jetzt aber, mit all der freien Zeit, habe ich mir etwas vorgenommen: Ich will mich nicht mehr bevormunden, ausnutzen oder einschnüren lassen. Weder durch Familie, Freundinnen, Nachbarn, Verwandte, Handwerker, Ex-Kolleginnen und all die anderen Menschen, die wie selbstverständlich erwarten, dass ich für alles Verständnis habe, auf sie warte, nie Widerworte gebe, geduldig alles hinnehme.

Schaffe ich das? Streiten, um Konflikte zu klären, meinen Standpunkt zu verteidigen? Es soll befreiend sein, sich gegenseitig anzuschreien, um seelischen Ballast abzubauen. Bei mir funktioniert das nicht. Wenn ich wütend bin, werde ich leise. Meine durchsetzungsstarke beste Freundin Renate meint, ich sei eher diplomatisch, was wie ein Vorwurf klingt. Doch meine Erkenntnis nach Jahren in Führungsjobs: Jeder lebt in seinem eigenen Überzeugungssystem und nimmt die Welt nur durch seine Brille wahr. Warum soll ich anderen meine Sicht der Dinge aufzwingen? Über die TV-Serie »The Big Bang Theory« kann sich meine Freundin totlachen, ich dagegen finde sie ziemlich langweilig. Keine von uns beiden wird die andere je überzeugen können.

Man kann über Urlaubsziele, Fernsehen, Menschen, Politik, Theaterstücke, über eigentlich alles getrennter Meinung sein. Aber in vielen Auseinandersetzungen geht es nicht um die Sache, sondern ums Recht haben. Um Dominanz, um das Gefühl der Stärkere zu sein. Bei solchen Machtspielchen verliert man schnell die Contenance und wirft dem anderen Totschlag-Argumente an den Kopf: »Das hätte ich nie von dir gedacht.« »Das ist doch typisch für dich«, oder: »Du bist wie dein Vater / deine Mutter.« Solche Vorwürfe sind wie frei laufende Hunde: schwer wieder einzufangen.

Ich glaube sowieso, dass in der Welt genug gestritten wird. Warum noch Konfliktsituationen mit Menschen, die einem nahestehen? Ich bevorzuge für mich persönlich die Deeskalation und nicht den Dreißigjährigen Krieg.

Falls ich anderer Meinung als mein Partner bin (kommt vor), hole ich erst einmal tief Luft. Oder gehe mit dem Hund spazieren. Das beruhigt die Nerven, ist gut für mein Karma, und beim Laufen schrumpfen viele strittige Punkte bis zur Bedeutungslosigkeit.

Und wie verhält man sich, wenn man an einen extrem wütenden Menschen gerät, der um sich schlägt? Genau diesen Kampfhahn sollten Sie anstrahlen, und erklären: »Ich finde Ihre Meinung/Haltung faszinierend. So ganz anders als mein Standpunkt, aber erzählen Sie mir mehr davon.« Sie nehmen diesem Menschen buchstäblich den Wind aus den Segeln. Windstille am Tisch!

Über die Comedy-Serie »The Big Bang Theory« kann sich meine Freundin totlachen, ich dagegen finde keinen Zugang zu dieser Art von Humor. Keine von uns beiden wird die andere je überzeugen können. Was nicht bedeutet, dass ich mich nie, niemals streite. Aber ich versuche, Kompromissbereitschaft und Respekt zu zeigen.

Kommunikationsexperten halten richtiges Zuhören für die beste Methode, um lösungsorientiert zu streiten. In Polit-Talkshows können wir am Bildschirm oft miterleben, wie einer dem anderen ins Wort fällt und kein Argument der Gegenseite akzeptiert wird, und am Ende hat keiner den anderen überzeugt oder verstanden.

Besonders heftig fallen bekanntlich Streitigkeiten unter Nachbarn aus. Eine Nachbarin beschwerte sich bei mir mithilfe eines Zentimeterbandes, dass mein

Zaun an einer schwierigen Stelle (ein Baum stand genau auf der Grenze) zehn Zentimeter in ihr Grundstück hineinrage! Sollte ich mich darüber aufregen? Jahrelang ein gespanntes Verhältnis zwischen ihr und mir ertragen? Ich gab ihr lieber recht, schenkte ihr 30 Zentimeter von meinem Grundstück, und seitdem sind wir gute Nachbarn. Den anderen in seiner Wunderlichkeit zu akzeptieren, das ist der Königsweg, um mit Menschen gut auszukommen. Und das ist im Ruhestand wichtiger als je zuvor.

Dennoch – wir sind nicht auf die Welt gekommen, um die Sehnsüchte und Wünsche anderer zu erfüllen. In dieser letzten Phase unseres Lebens geht es um uns selbst. Um die Zeit, die uns noch bleibt, und hoffentlich sind das viele Jahre. Aber wir brauchen jetzt Raum und Zeit, um uns selbst zu finden. Wir haben auch das Recht, nichts zu tun, einfach in uns hineinzuhören. Auch wenn das bedeutet, dass wir zur Abwechslung die Bedürfnisse unseres Partners, unserer Kinder, Verwandten, Nachbarn und anderen Menschen ignorieren. Jeder Mensch, sagt mein Psychologen-Freund Jens Corssen, ist ein strahlender Stern, in weiter Ferne und doch so nahe. Ein gelungener Ruhestand beginnt mit der Erkenntnis, dass man vieles gemeinsam, aber auch vieles getrennt erleben darf, wir aber nie die Bereitschaft verlieren dürfen, den anderen zuzuhören. »Du hast mir nicht zugehört«, sagt meine beste Freundin vorwurfsvoll. Zum Gegenbeweis wiederhole ich ihren letzten Satz. »Das ist nicht Zuhören«, erklärt sie, »das ist lediglich ein

Beweis für dein Erinnerungsvermögen. Zuhören bedeutet, dass du mitfühlst, was mich bewegt.«

Ab sofort, nehme ich mir vor, höre ich richtig zu.

KAPITEL 25

Mein Leben auf dem Handy

»Ich sitze auf deinem Steg, die Sonne scheint, und es ist wunderschön hier.« Die SMS auf meinem Handy ist elf Jahre alt. Ich habe es nicht fertiggebracht, sie zu löschen. Meine Freundin, die Schauspielerin Barbara Rudnik, hatte sie mir geschickt. Fünf Tage später starb sie. Als ich mir ein neues Handy einrichten musste, überlegte ich, ob ich die Nachricht weiter speichern sollte. Aber sie zu löschen wäre gewesen, als ob ich Barbara aus meinem Gedächtnis streichen würde. «Tot ist nur, wer vergessen wird«, steht oft in Todesanzeigen.

Mein Handy erzählt viele Geschichten von Liebe und Tod, von Freundschaften und Enttäuschungen. Aktuell komme ich auf 1880 Kontakte, über 7000 Fotos, unzählige nicht gelöschte Mails, alles angesammelt in einem langen Berufsleben.

Mit einem neuen Lebensabschnitt kommt auch das dringende Bedürfnis auszumisten. Man will schließlich nicht den ganzen alten Krempel weiter mitschleppen. Die einen beginnen mit dem Aufräumen des Kellers, ich mit meinem Handy – fest entschlossen, mich von unnützem Datenmüll zu befreien.

Leider stellen mich viele Eintragungen vor ein Rätsel.

In Eile oder aus Gründen der Geheimhaltung habe ich oft nur den Vornamen oder einen Buchstaben notiert, weiß aber heute leider nicht mehr, um wen es sich handelt. Deswegen ist meine Handy-Telefonliste schwerer zu entschlüsseln als die sumerische Keilschrift. Wer ist oder war Katharina? Und wer verbirgt sich hinter D? Wer ist M? Und wer W?

Einfach anrufen und sich dumm stellen: »Hallo, wer sind Sie noch gleich?« Das könnte wirklich peinlich werden, wenn es sich um einen Uralt-Freund oder einen Prominenten handelt. Menschen sind ja schnell beleidigt, wenn sie das Gefühl haben, vergessen worden zu sein.

Gerade die Telefonnummern von Prominenten sind heiße Ware, werden gehütet wie der Goldschatz von Fort Knox. Und gejagt wie das Ungeheuer von Loch Ness. Und sie sind das wichtigste Werkzeug für uns Journalistinnen und Journalisten, damit man im entscheidenden Moment die richtigen Menschen anrufen kann. Nicht nur die Prominenten selbst, sondern auch deren »Fußvolk« – die Agenten, Manager, PR-Agenten, Publizisten, Bodyguards, Visagistinnen, Friseure, Redeschreiberinnen, Assistenten. Wichtige Kontakte, wenn man Informationen braucht. Was ich in einem langen journalistischen Leben gelernt habe: Keine Schlossmauer ist so dick, dass nicht Klatsch nach außen dringt.

Um die großen Stars bildet sich oft ein Wall von Wichtigtuern, die man erst einmal durchdringen muss. Ich erinnere mich an eine Bambi-Verleihung, für die wir als Preisträger Tom Cruise gewinnen wollten. Monatelang telefonierte ich mit einer Heerschar von Managern und Beratern, die unverschämte Forderungen stellten. Tom Cruise wurde als hoch komplizierter, schwieriger Star geschildert, der unter einer Million Dollar das Haus nicht verlassen würde und den man als Normalsterblicher auch nicht ansprechen dürfe.

Als ich schon verzweifelte, änderte Tom Cruise seinen Beraterstab. Alle, mit denen ich so erfolglos telefoniert hatte, waren auf einmal weg. Ein neuer Agent meldete sich, der mitteilte, dass sich Tom Cruise geehrt fühle, den Bambi entgegenzunehmen. Von Geld und allen möglichen Bedingungen war nicht mehr die Rede. Nach der offiziellen Verleihung erlebte ich den Schauspieler als interessierten, nahbaren Menschen, der sich mit allen am Tisch ausgezeichnet unterhielt. Auch das gehört zu meinen Erfahrungen: je größer das Talent, umso bescheidener der Mensch. Umgekehrt gilt: Mäßig begabte Prominente habe ich oft anmaßend erlebt.

Die meisten dieser Kontakte, das war mir immer klar, enden mit meinem letzten Arbeitstag. Es waren ja Zweckbündnisse, auch wenn sich manche privat weiterentwickelt hatten und übrigens auch weiter bestehen.

Aber ein Großteil solcher Beziehungen funktioniert nur im professionellen Umfeld. Der Prominente braucht Öffentlichkeit, die Journalistin eine gute Story. Wenn diese Basis fehlt, bricht der Kontakt meistens ab.

Die berühmte Schauspielerin, der beliebte TV-Showmaster, die Spitzenpolitikerin, mit denen ich zusammengearbeitet habe – wie würden sie wohl reagieren, wenn ich als Rentnerin fröhlich anrufen würde: »Hallo, ich wollte mich mal wieder melden«? Mit betretenem Schweigen? Oder mit der Reaktion: »Woher haben Sie diese Nummer?« Vielleicht auch mit dem Hollywood-Spruch »Don't call me, I call you«, was so viel bedeutet wie: Rufen Sie nie wieder an, ich werde es auch nicht tun!

Es ist nun wirklich keine neue Erkenntnis, dass man im Ruhestand wichtige Beziehungen verliert, wenn man selbst nicht mehr wichtig ist. Wie sich das anfühlt? Ich gebe es gern zu: wie kleine Nadelstiche ins Ego. Aber ich habe nie vergessen, was ich einst im Lateinunterricht lernte: Bei den Triumphzügen in der Antike ging immer ein Untergebener hinter dem Sieger, um ihn flüsternd daran zu erinnern, dass er ein normaler Mensch sei. Nichts ist peinlicher, als im Ruhestand noch immer bei offiziellen Ereignissen aufzutauchen, weil man sich für unersetzlich hält.

Das Durchforsten meiner Telefonkontakte wurde zu einer Tour de Force durch meine berufliche Vergangenheit. Die Nummern von Hotels, Restaurants, Kinos, Fitnessstudios, Agenturen, Fotografen, Pressestellen … Und was fängt man mit Telefonnummern von Taxifahrern an, mit denen man in New York, Berlin oder Paris unterwegs war? Ob Sam, Chris oder Peter überhaupt noch unter diesen Nummern erreichbar waren? Mehr als fraglich. Ist das Datenmüll oder sind es Erinnerungen, die man behalten möchte?

Für mich ist das Handy eine Art Tagebuch. Manchmal scrolle ich durch die gespeicherten Fotos, wie früher meine Eltern durch die Fotoalben blätterten. Die Videos vom Capri-Urlaub. Das Foto von meinem Hund, als er noch ein Welpe war. Vom Oktoberfest, als Corona nur der Name einer Biersorte war. Die Hochzeit meiner Freundin Veronika im Eden Rock an der Cote d'Azur, der Münchner Filmball, die Bambi-Verleihung in Baden-Baden. All diese schönen Erinnerungen, auf denen ich wie auf einer Wolke in den Ruhestand schwebe.

Manche Einträge machen mich auch traurig. Die Namen von Menschen, die nicht mehr leben, aber deren Telefonnummern ich einfach nicht löschen möchte. Es ist sentimental, aber solange es diese Nummern gibt, lebt die Erinnerung weiter. Auch die an meine Mutter oder an einen meiner Lieblingskollegen, Paul, mit dem ich 45 Jahre zusammengearbeitet habe.

Ihre Telefonnummern sind wichtige Markierungen in meiner Lebensgeschichte. Genauso wie die Telefonnummern von Kolleginnen und Kollegen, mit denen ich eng zusammengearbeitet habe und mit denen ich in Kontakt bleiben möchte.

Einige fliegen allerdings aus meiner Telefonliste raus. Nur weil man viel Zeit miteinander verbracht hat, ist man noch lange nicht mit jedem befreundet. Und wie halte ich es mit Telefonnummern von Freunden, mit denen ich jahrelang nicht gesprochen habe? Weiter speichern? Löschen?

Eine Freundin brachte mich auf eine gute Idee. »Welche Geburtstage überträgst du in dein neues Handy?« Da fallen einige durchs Raster, und ich kann Namen aus meiner Telefonliste und meinem Gedächtnis streichen.

Es ist auch ein guter Zeitpunkt, sich Gedanken darüber zu machen, mit wem man eigentlich befreundet ist. Und warum man manche Nummern mitschleppt, obwohl man sie seit Jahren nicht mehr angerufen hat. Die Nummer einer Schulkameradin, mit der ich seit mindestens 20 Jahren nicht gesprochen habe. Werde ich sie im Ruhestand anrufen? Die Bekannte, die am Telefon immer über ihr Leben klagt und mich in ihr Unglück mit herunterzieht? Der Typ, der mir vor Urzeiten das Herz gebrochen und sich jetzt gemeldet hat, weil er zufällig in der Stadt ist und nichts zu tun hat?

Warum sich mit all den alten Geschichten belasten? Das Handy von solchen Erinnerungen zu befreien, ist, wie ein neues Kapitel im Leben aufzuschlagen.

KAPITEL 26

Männer sind anders.
Frauen auch!

Eines ist im Ruhestand gewiss: Die Partnerschaft wird kräftig durchgerüttelt. Stellen Sie sich auf Veränderungen ein. Manchmal ist es ein frischer Wind, der die Lebensgeister wieder weckt, manchmal ein Orkan, der Schäden anrichten kann.

»Ich bringe ihn noch um«, flüstert meine Freundin Andrea am Telefon. Ich weiß sofort, wen sie meint. Ihr Mann ist vor einem Jahr in Rente gegangen und hat in Ermanglung anderer Aufgaben den Kühlschrank übernommen. Er verfolgt das Verfallsdatum von Lebensmitteln mit der gleichen Akribie wie früher den Aktienkurs seiner Firma. »Heute Morgen hat er mir triumphierend einen Joghurt vor die Nase gehalten, bei dem die Mindesthaltbarkeit um einen Tag überschritten war«, berichtet meine Freundin gereizt. Sie muss leise sprechen, weil er ständig in ihrer Nähe ist. Auch ein neues Problem. Früher hat er morgens das Haus verlassen, kam erst nach Dienstschluss zurück.

Jetzt wuselt er 24 Stunden zu Hause herum, und ihr fehlt die Rückzugsmöglichkeit. Er, der bisher eine Avocado nicht von einer Artischocke unterscheiden konnte, will nun den Haushalt revolutionieren. Alles soll anders, sprich besser werden. Einkaufen und putzen nur noch nach System. Den Müll umweltbewusst getrennt. Die Wäsche energiebewusst auf der Leine getrocknet. Lediglich das langweilige Bügeln überlässt er weiterhin der Hausfrau, also meiner Freundin.

Die hatte sich auf ein gemütliches Leben zu zweit gefreut. Endlich kein Stress mehr. Mehr Harmonie in die Beziehung. Aber wie soll man es aushalten, wenn der Mann, der noch nie den Tisch abgeräumt hat, plötzlich Vorträge über das stromsparende Einstellen von Tellern in den Geschirrspüler hält? Hätte ihm das, unter uns gesagt, nicht früher einfallen können?

Aber wir wollen nicht destruktiv sein. Wie schön, wenn die Hausarbeit im Ruhestand gerecht aufgeteilt wird. Allerdings reagieren wir Frauen etwas empfindlich, wenn nach all den Jahren des Zusammenlebens bewährte Abläufe infrage gestellt werden. In Haushalt und Küche, was bislang unsere Domäne dringt jetzt der Neu-Rentner auf der Suche nach neuer Verantwortung ein. In Wirtschaftskreisen nennt man das »feindliche Übernahme«. Ein Investor, der versucht, die Macht in der Firma an sich zu reißen. Auch der Haushalt kann Schauplatz von Machtkämpfen werden. Wenn der Mann, als ehemalige Führungskraft, zu Hause weiter den Chef spielt, alle Entscheidungen treffen will, obwohl frau den Haushalt bisher mehr oder weniger allein gestemmt hat.

Die Zahl der Trennungen von langjährigen Partnerschaften hat sich in den letzten 40 Jahren verdoppelt. Frauen sind selbstständiger geworden, eine Scheidung längst kein gesellschaftliches Fiasko mehr. Aber vor allem sind wir immer weniger bereit, die im Alter zunehmenden Macken und Schrulligkeiten des Partners zu tolerieren. Deswegen können sich auch Kleinigkeiten zu großen Krisen entwickeln.

Beispiele aus meinem sozialen Umfeld: Sie regt sich über die vergammelte Lederjacke auf, die er nicht an der Garderobe aufhängt, sondern über das weiße Sofa wirft. Er ärgert sich darüber, dass sie die Pointen seiner Witze schon vorher verrät, um die Lacher auf ihrer Seite zu haben. Einer besteht im Schlafzimmer bei Minustemperaturen auf geöffnete Fenster, weil er sonst nicht schlafen kann, der andere liest bis drei Uhr morgens – kann er sich zeitlich jetzt ja erlauben –, was wiederum dessen Partnerin nicht einschlafen lässt.

«Will you still need me, will you still feed me, when I'm sixty-four?» Als Beatle Paul McCartney diesen Song textete, war er 24 Jahre alt und ich 17. Wir beide hatten keine Ahnung, dass man mit 64 Jahren den anderen womöglich nicht im Arm halten und durchfüttern will, sondern Mordgedanken hegt, weil der Partner so krachend in einen Apfel hineinbeißt, also wolle er eine Kernfusion auslösen. Wieso kann man von einem Menschen so genervt sein, wenn man ihn gleichzeitig so liebt?

»Eine gute Beziehung zu führen, ist im Grunde genommen ein Paradoxon«, weiß der Psychologe und Verhaltenstherapeut Jens Corssen. »Da stoßen zwei Menschen aufeinander, beide mit unterschiedlichen Lebenserfahrungen, Prägungen und Wünschen. Eine Einheit kann nur entstehen, wenn jeder die Einzigartigkeit des anderen akzeptiert.«

Das sagt sich so schön. Was aber, wenn sich die Einzigartigkeit meines Partners diametral zu meinen Bedürfnissen entwickelt? Seit ich mit meinem Berufsleben abgeschlossen habe, wächst in mir das Bedürfnis nach Natur, Ruhe, Stille. Jedes Wochenende flüchte ich in die Einsamkeit an den See. Der Mann meines Lebens ist dagegen Stadtneurotiker, der Trubel und Abwechslung um sich herum braucht. Ans Wasser zieht es ihn überhaupt nicht, schon gar nicht hinein. Er zitiert dazu den Schriftsteller Joseph Roth, der im Strandcafé auf die Frage, ob er schwimmen gehe, antwortete: »Kommen denn die Fische ins Café?«

Gegensätze ziehen sich angeblich an. Aber man muss sie auch aushalten können.

Wenn man jung und verliebt ist, kann man sich die tektonischen Verschiebungen nicht vorstellen, zu denen es im Herbst des Lebens womöglich kommt. Dass zwei Menschen wie die Kontinentalplatten aufeinanderstoßen, sich übereinanderschieben oder auch aneinander vorbeigleiten, sich voneinander entfernen. Unterschiedliche Lebensauffassungen werden beim Älterwerden immer deutlicher. Wenn man den

Ruhestand erreicht hat, mit der Aussicht, künftig 24 Stunden miteinander zu verbringen, und dies bis ans Ende der gemeinsamen Tage, braucht man einen Plan. Oder getrennte Schlafzimmer.

Habe ich schon erzählt, dass mein Mann Pünktlichkeitsfanatiker ist, der lieber zehn Minuten zu früh erscheint? Er wartet dann so lange, bis er auf die Sekunde genau auf der Matte steht. Ich dagegen halte es mit dem Standardwerk des guten Benehmens, dem »Debrett's Guide to Etiquette«, das Pünktlichkeit lobt, aber einen Spielraum von maximal zehn Minuten Verspätung toleriert. Aus eigener Erfahrung weiß ich, dass jeder engagierte Gastgeber froh um die geschenkten Minuten ist. Mein Mann bekommt Herzrasen, wenn ich mich verspäte, und ich Herzklopfen, weil ich mich schuldig fühle. Nicht wegen meiner Verspätung, sondern weil er sich so aufregt.

Wer hat recht? »Es sind die kleinen Rechthabereien, die eine große Liebe zermürben«, sagte Max Frisch. Der Schweizer Schriftsteller sprach aus Erfahrung. Er brachte es auf sieben große Lieben in seinem Leben.

Auch als Feministin muss man einräumen, dass Frauen im Ruhestand schneller unzufrieden sind. Einerseits gelingt ihnen das Umschalten vom aktiven Berufsleben ins ruhige Fahrwasser der Rente besser als den Männern. Wenn die Arbeit wegfällt, bleibt das private soziale Umfeld, das sie davor bewahrt, in ein seelisches Loch zu fallen. Es gibt immer jemand, um den sich eine Frau kümmern kann, oder muss:

Kinder, Enkelkinder, alte Eltern, kranke Verwandte, einsame Nachbarinnen, traumatisierte Flüchtlinge, in Not geratene Freunde. Zwischen 60 und 70 erleben Frauen oftmals ein Gefühl des Aufbruchs. Sie fühlen sich fit, wollen noch etwas leisten, selbstständig werden, Neues erfahren. Gleichzeitig stellen sie aber fest, dass sich in der Partnerschaft nichts bewegt, vieles festgefahren scheint.

Typische Szene einer Ehe: Er liest seine Zeitung, sie fragt: »Liebst du mich?« Ohne den Blick von der Zeitung zu lösen, antwortet er: »Wieso fragst du? Ich bin doch da.« Für ihn ist damit alles gesagt, sie dagegen würde am liebsten losheulen. Diese knappe Antwort beweist ihr, wie wenig Interesse er an ihrer Person hat. Sie bohrt vielleicht nach, aber je mehr sie ihn bedrängt, umso bockiger wird er.

Dabei meint er es gar nicht so. Aber zwischen der weiblichen und männlichen Kommunikation liegen Welten.

Dabei erscheint uns Frauen gerade der Ruhestand als vielversprechender Zeitpunkt, um endlich Themen anzusprechen, die uns lange schon auf der Seele liegen. Wie er sich die gemeinsame Zukunft vorstellt. Soll das Zuhause renoviert werden? Was denkt er über die Partnerwahl der Tochter? Sollte man gemeinsam einen Golfkurs belegen oder eine Kreuzfahrt in der Karibik buchen? Ist er glücklich? Soll sie eine Schönheits-OP in Erwägung ziehen? Wer war die Frau, mit der ihn eine Bekannte auf der Straße gesehen hat, was sie natürlich sofort weitererzählen musste?

Leider sagt er dazu wenig, oder auch gar nichts. Wie ein Mönch, der ein Schweigegelübde abgelegt hat. Das Schweigen der Männer irritiert Frauen genauso wie umgekehrt Männer das weibliche Mitteilungsbedürfnis. Eine meiner liebsten Freundinnen hat sich nach 34 Jahren deswegen von ihrem Mann getrennt. »Er redet nicht mit mir«, klagt sie, »unsere Ehe ist wie eine Kältekammer. Ich habe mich neben meinem Mann wie ein Möbelstück gefühlt, ich sollte nur da sein und funktionieren.«

Ich habe auch mit ihm gesprochen. Er wirkte zerknirscht, auch ratlos, sagte: »Ich möchte sie nicht verlieren. Aber ich verstehe nicht, was sie von mir will. Warum stellt sie mir andauernd Fragen, die ich nicht beantworten kann?« Zwei Menschen, die sich eigentlich lieben, aber leider nicht verstehen.

Dabei ist es manchmal sehr einfach. Wenn Männer nicht reden, hat das meistens einen harmlosen Grund. Ich biete Ihnen eine Auswahl an:

- Er hat keine Ahnung, was Sie von ihm hören wollen. Bevor er etwas Falsches sagt, schweigt er lieber.
- Er möchte einfach nur in Ruhe seine Zeitung lesen.
- Er will jetzt die Nachrichten sehen.
- Er sagt nichts, in der Hoffnung, dass Sie ihn nicht weiter bedrängen.
- Er döst gerade vor sich hin.
- Er hat die ewigen Diskussionen so was von satt.
- Er sagt nichts, weil es einfach nichts zu reden gibt.

- Er denkt über die Spieleraufstellung für das nächste Spiel seines Vereins nach.
- Er findet, dass Sie für zwei reden.
- Er sucht noch nach den richtigen Worten.

Möchte man den Rest des Lebens mit einem so schweigsamen Lebewesen verbringen? Wenn Sie einen Mann aus der Reserve locken wollen, sollten Sie nicht von sich auf ihn schließen. Wir Frauen können stundenlang über Liebe und Gefühle reden. Ein Mann nicht, weil er sich keine Blöße geben möchte. Versuchen Sie es mit Sachthemen. Haben Sie überhaupt eine Ahnung, was ihn interessiert? Wofür er brennt? Sport? Politik? Aktien? Autos? Geschichte? Skat? Männer reden gern, nur nicht über Herzensangelegenheiten. Sentimental werden sie höchstens, wenn es um Fußball geht. Schmunzeln Sie nie über einen Mann, der in Tränen ausbricht, weil sein Lieblingsspieler wegen eines Muskelfaserrisses vom Platz getragen wurde. Holen Sie ihm lieber ein Taschentuch und ein aufbauendes Getränk.

Ich gestehe, dass ich mit Männern im Ruhestand verstecktes Mitleid habe. Solange sie berufstätig waren, fühlten sie sich als Teil des Ganzen. Die Firma, das Geschäft, das Büro, das bedeutet für viele Männer ihr wahres Zuhause. Das Ende ihrer Berufstätigkeit empfinden sie als Kränkung. Ein anderer übernimmt jetzt ihre Rolle, sie werden aussortiert, abgeschoben, aufs Altenteil geschickt. Zu Hause erleben sie einen weiteren Schock. Hier braucht man sie auch nicht. Im Gegenteil, überall stehen sie im Weg. »Schatz, kannst du mal auf die Seite gehen, ich muss hier saugen.«

Der Mann an sich ist ein altmodisches Modell der Evolution! Mit einem auf Überlebenskampf programmierten Gehirn. In der Urzeit hat er Raubtiere wie Leoparden und Krokodile gejagt, heute kämpft er im Job um lebenswichtige Dinge wie Anerkennung und Erfolg. Und dann muss er sich selbst im Ruhestand noch behaupten, zeigen, wie unbesiegbar er ist. Haben Sie mal beobachtet, wie ältere Herren auf Rennrädern unterwegs sind? Tief über das Lenkrad gebeugt, als ginge es um Leben oder Tod. Partnerschaften würden besser funktionieren, wenn Frauen akzeptierten, dass der Schwerpunkt bei Männern nicht auf dem Fühlen, sondern auf dem Handeln liegt: Ich bin, was ich tue!

Betrachten Sie einen Mann im Ruhestand wie einen General ohne Kommando. Soldaten brauchen klare Ansagen, er wird erleichtert sein, wenn Sie ihm einen Dienstplan in die Hand drücken. Paartherapeuten sagen, dass man für ein harmonisches Zusammenleben rechtzeitig klären sollte, *wer* im Haushalt *wofür* zuständig ist. Für welche Aufgaben sind Sie geeignet? Was kann Ihr Mann besser? Wer ist künftig für den Müll zuständig, wer für den Einkauf von Obst und Gemüse?

Nun, bei jüngeren Paaren mag das klappen, bei Männern meiner Generation wird das zur Herausforderung. Es ist erstaunlich, wie ungeschickt sich ein Mann mit einem Dosenöffner anstellen kann, obwohl er von Beruf Ingenieur ist beziehungsweise war. Ich selbst habe mich für einen anderen Weg entschieden und meinen Mann zum Gast mit Vollpension erklärt. Für den Rest unseres gemeinsamen Lebens. Er muss weder den Müll raustragen noch die Katzen füttern oder die Terrasse fegen. Vielleicht nennen Sie mich altmodisch. Eine Rollenverteilung wie vorgestern. Aber sie hat ihre Vorteile: Es gibt keinen Streit darüber, wer was gemacht hat oder nicht. Und ein Pascha ist im Gegensatz zum Macho ein gemütlicher, oft dankbarer Hausgast. Aber das ist eine individuelle Lösung.

Viel wichtiger ist die Frage, wie viel Nähe eine Beziehung verträgt. Gerade im Ruhestand, wenn man so viel mehr Zeit miteinander verbringt. Bei einigen Paaren vertieft das die Liebe. Bei anderen entsteht das Gefühl von Enge. Gerade Männer wollen nicht ständig kontrolliert werden. Wie die richtige Balance finden? Man muss dem anderen nicht ständig mitteilen, was man gerade tut, oder dort auftauchen, wo sich der Partner befindet. Regisseure lieben seltsamerweise Szenen, die im gemeinsamen Badezimmer spielen. Während sich beide die Zähne putzen, werden Probleme besprochen oder eskalieren gerade. Typische Kameraeinstellung: Ein Paar starrt sich im Spiegel mehr oder weniger gereizt an. Ich käme nie auf die Idee, in Anwesenheit meines Partners mit Zahnseide in meinem Mund herumzustochern. Im Alter verlieren manche Paare jede Scheu voreinander.

Man kennt beim anderen all die körperlichen Veränderungen, die das Älterwerden mit sich bringen. Will ich so viel Offenheit? Mich stört schon, dass in Friseursalons Männer und Frauen nebeneinandersitzen. Ich möchte nicht dabei beobachtet werden, wie meine Haare gewaschen, gefärbt, gesträhnt oder verdichtet werden.

Solche Schönheitsgeheimnisse teile ich höchstens mit der besten Freundin. Und die hat geschworen, für immer zu schweigen. Männer glauben lieber, dass die Frau ihres Herzens als natürliche Schönheit auf die Welt gekommen ist und diese im selben Zustand auch wieder verlässt. Geheimnisse können eine Beziehung spannend halten.

Meine persönliche Erfahrung sagt mir, dass gerade im Ruhestand drei Punkte für eine harmonische Partnerschaft entscheidend sind: Distanz, Respekt und Freiheit. Distanz, weil wir erst aus der Ferne erkennen, wie wichtig uns ein Mensch ist. Gegenseitiger Respekt als Grundvoraussetzung für eine Beziehung auf Augenhöhe. Und wir brauchen die Freiheit, selbst entscheiden zu können. Die sogenannte letzte Phase des Lebens dauert unter Umständen länger als die Zeitspanne zwischen unserer Geburt und Berufsanfang. Schön, wenn wir sie mit einem Partner teilen können. Aber damit wir die unterschiedlichen Schwingungen in der Partnerschaft verkraften, halten wir uns an das Grundgesetz des Kölner Karnevals: »Jeder Jeck ist anders«. Männer sind anders. Frauen auch!

KAPITEL 27

Oldies but Goldies

Nie habe ich mich älter gefühlt als vor einigen Jahren bei einer Dior-Modenschau in Paris. Dass die Models auf dem Laufsteg vom Alter her meine Enkeltöchter hätten sein können, überraschte mich nicht. Jugend ist das wichtigste Kapital in der Welt der Haute Couture. Aber in der Front Row, früher nur reserviert für die wichtigsten Chefredakteurinnen, für Filmstars und reiche Kundinnen, starrten halbwüchsige Mädchen, die aussahen, als hätten sie die Schule geschwänzt, auf ihre Handys. Bloggerinnen und Influencerinnen der Internet-Szene, die trotz ihrer Jugend, oder gerade deswegen, mit Millionen Followern eine neue wirtschaftliche Macht bilden – die neuen Stars in der Modewelt. Und den größten Hype löste eine erst 13-Jährige aus, auf die sich alle Fotografen und Filmteams begeistert stürzten: Tavi Gevinson, eine Bloggerin aus einer Kleinstadt bei Chicago. Sie saß als Ehrengast bei Dior in der ersten Reihe und hatte sich im Großmutter-Look herausgeputzt. Mit blaugrau gefärbten Haaren, aufgemalten Falten und dicker Brille, als wollte sie sich über die Fashion-People und deren unstillbare Sehnsucht nach glatten, unbeschriebenen Gesichtern lustig machen. Selbst Karl Lagerfeld fand diesen Teenager »genial«, wie er in einem Interview mitteilte.

Ich aber hatte das Gefühl einer plötzlichen Schockvergreisung und musste an den dummen Spruch denken, den man sich in angesagten Klubs gern zuflüstert, sobald jemand über 50 auftaucht: Schau mal, die kommen jetzt schon zum Sterben her! War es so weit, dass ich mich nach einem Platz in einem Seniorenstift umschauen sollte?

Was mich aber wieder aufbaute und aufrichtete, war kurz darauf ein Bericht in der Vogue, die einen neuen Trend ankündigte: »Die Rückkehr der Stil-Ikonen! Diese inspirierenden Frauen über 60 sind die neuen Stars in der Front Row.« Hallo? Hatte ich da etwas übersehen? Selten habe ich einen Bericht mit größerer Begeisterung gelesen. Es war, als hätte ich eine neue Brille aufgesetzt bekommen.

Kennen Sie das? Als Schwangere sieht man plötzlich nur noch schwangere Frauen. Erst wenn man ein rotes Auto fährt, wird einem bewusst, wie viele rote Autos unterwegs sind. Eine selektive Wahrnehmung, die unser Unterbewusstsein steuert. Wir sehen, was uns im Inneren beschäftigt.

In meinem Fall waren das Frauen meiner Altersklasse und noch ältere. Speziell im Fernsehen, in dem vor noch nicht allzu langer Zeit eine Frau über 50 als Grufti galt und vom Bildschirm verbannt wurde.

Jetzt sehe ich verstärkt interessante Frauen, bei denen das Geburtsdatum keine Rolle mehr spielt. Bettina Böttinger, 65, moderiert und produziert eine der spannendsten Talkshows. Birgit Schrowange überraschte mit Anfang 60 die Zuschauer, als sie sich plötzlich mit grauen Haaren zeigte. Was sie übrigens nicht älter, sondern interessanter aussehen ließ. Die beliebte ZDF-Moderatorin Petra Gerster zog sich erst mit 66 Jahren ins Privatleben zurück, um Bücher zu schreiben. Senta Berger gehört mit 80 Jahren zu den beliebtesten deutschen Schauspielerinnen, Iris Berben, ein Jahr jünger als ich, wird regelmäßig zum schönsten Gesicht des deutschen Films gewählt. Ja, es gibt ein Leben nach den Wechseljahren!

Lisel Heise engagierte sich noch mit 100 Jahren als Stadträtin in Kirchheimbolanden. Jetzt, mit 102, bedauert sie die »Stubenhockerei«, zu der sie die Corona-Pandemie gezwungen habe. Auf der Straße treffe ich Margit Saad, Schauspielerin und Regisseurin, deren Eleganz und Vitalität ich nur bewundern kann. Sie ist 92 Jahre alt und hat ein Studium in Kunstgeschichte und Philosophie begonnen. Die Biochemikerin und Nobelpreisträgerin Christiane Nüsslein-Volhard arbeitet mit 78 Jahren voll weiter in der Genforschung. In der Werbekampagne der deutschen Modefirma Aigner sieht man die exzentrische New Yorkerin Iris Apfel, Jahrgang 1921, in einem Outfit, das aus dem Schrank eines Rock-'n'-Roll-Stars stammen könnte. Die einflussreiche Schriftstellerin Joan Didion machte sich einen Spaß und warb mit über

80 Jahren für die Kult-Sonnenbrillen der Luxusmarke Céline.

Das sind keine Extrembeispiele, sondern der Beweis, dass ein Umdenken über das Alter stattfindet. Und nirgendwo wird deutlicher, dass Persönlichkeit und Präsenz über ein faltenfreies Gesicht dominieren können, als in der Modewelt.

Jedes Modehaus will jetzt unbedingt Altersdiversität demonstrieren. Her mit den Oldies but Goldies! Der Zeitgeist hat sich gewandelt, auch wenn sich dahinter wirtschaftliche Interessen verbergen. Gerade Luxusmarken haben erkannt, wie gewinnbringend es sein kann, mit Stil-Ikonen zu arbeiten, deren Alter dem ihrer besten Kundinnen entspricht. Reife Kundinnen verfügen bekanntlich über eine höhere Kaufkraft und geben für Qualität gern mehr aus. Deswegen legen Designer bei ihren Präsentationen verstärkt Wert auf die Anwesenheit prominenter Damen, die man in früheren Jahren wenig charmant als »verblüht« bezeichnet hat und die heute als »Classic Women« gefeiert werden. Während viele Social-Media-Stars wie Glühwürmchen nach kurzer Zeit wieder verlöschen, ist der Einfluss der Grandes Dames auf Modemarken nachhaltiger. »Die Anwesenheit dieser Frauen verleiht den Marken ein hohes Maß an Authentizität«, wie Vogue schreibt.

Wenn die 83-jährige Filmlegende Vanessa Redgrave die Show der englischen Designerin Roksanda besucht, dann, weil sie tatsächlich die Ästhetik dieses Labels schätzt. Und nicht, weil sie wie die umworbenen jugendlichen Social-Media-Stars für ihr Erscheinen ausgestattet oder bezahlt werden muss. Das hat sie nicht nötig. Vanessa Redgrave bemüht sich auch nicht, jünger auszusehen. Wenn sie mit ihren grauen Haaren, kaum geschminkt, noch dazu im grauen Mantel, aufrecht in der Front Row sitzt, degradiert sie die Youngster um sich herum zu unscheinbaren Randfiguren.

Bei Dolce & Gabbana eröffnete die 57-jährige Monica Bellucci eine Jubiläumsschau, gefolgt von Isabella Rossellini, 68, und Carla Bruni, 53. Bei Chanel feiert man Isabelle Adjani, 65, und Lagerfeld-Muse Inès de la Fressange, 63, als Botschafterinnen der Haute-Couture-Kollektionen. Bianca Jagger, einst Rockstar-Gattin, jetzt Menschenrechtsaktivistin, ließ bei Dior im weißen Smoking alle anderen alt aussehen, obwohl die 75-Jährige wegen schwacher Beine einen Stock benutzen muss.

Diese Frauen bekennen sich selbstbewusst zu ihrem Alter, das sie wie einen kostbaren Mantel tragen. Keine Schönheitsoperation kann das Gesicht einer Frau so interessant wirken lassen wie Lebenserfahrung gepaart mit Intelligenz. Deswegen stahl die 71-jährige Schauspielerin Sigourney Weaver beim Pariser Defilee von Bottega Veneta allen superschlanken Models auf dem Laufsteg schlicht die Show. In einer provozierend einfachen weißen Bluse strahlte sie unvergleichliche Eleganz aus.

Sind diese coolen und exzentrischen Stil-Ikonen nur ein gesellschaftliches Phänomen, oder kündigen sie einen Wandel in der Wahrnehmung älterer Frauen an? Weiblichkeit wurde jahrhundertelang mit Fruchtbarkeit gleichgesetzt, und damit automatisch mit jugendlichem Aussehen. Nach den Wechseljahren wurde frau zum biologischen Auslaufmodell und mutierte je nach Lebenssituation zur Mutti, Oma, Matrone oder Witwe. Abgeschoben in die Bedeutungslosigkeit, wenn man sich dem 60. Geburtstag näherte oder ihn, o Schreck, schon überschritten hatte. Gott sei Dank hat sich da einiges geändert.

Die junge Designerin Simone Rocha, 34 Jahre alt, holt Supermodels aus den 1980er- und 1990er Jahren auf den Laufsteg, darunter die 75-jährige Jan de Villeneuve und die 76-jährige Benedetta Barzini. Sie sagt: »Diese Frauen haben eine magische, elektrische, mühelose Energie. Mit ihrem Selbstvertrauen, ihrer Weisheit, ihren Erfahrungen sind sie in meinen Kleidern sehr präsent.«

Das Problem beim Älterwerden ist die Differenz zwischen der inneren und äußeren Wirklichkeit. Man bleibt jung, obwohl man altert. Bin ich tatsächlich über 70? Ich fühle mich so viel jünger, und wenn ich in den Spiegel schaue, arbeitet mein Gehirn mit einem Weichzeichner. Nur das Fernsehen offenbart unbarmherzig jede Lebenslinie in meinem Gesicht. Deshalb schaue ich mich selbst nie, absolut niemals im Fernsehen an. Ich will meine gute Laune behalten.

So wie Lotti Huber, Diva und Berliner Kultfigur, die allen Widrigkeiten im Leben zum Trotz nie ihren schrägen Humor verlor. Eine Frau, die ich bestaunt und bewundert habe. Als Jüdin kam sie ins Konzentrationslager, wurde freigekauft, emigrierte nach Palästina, kehrte später in ihre Heimatstadt zurück. Ein Leben für eine Romanvorlage! Dabei begann ihre Karriere erst nach ihrem 60. Geburtstag. Sie liebte Tanz und Theater, trat in wallenden Gewändern auf, behängt mit tausend Klunkern. Mit 78 schrieb sie ihre Autobiografie »Diese Zitrone hat noch viel Saft«. Sie drehte Filme, schrieb weiter Bücher, trat in Talk- und Bühnenshows auf, sang und tanzte. Als sie mit 85 Jahren starb, sagte ein Bewunderer: »Diese alte Lady war mit so viel Leben erfüllt, dass sich Leute, die Jahrzehnte jünger sind, ganz blass und matt vorkamen. Das Übliche hat es in ihrem Leben nie gegeben.«

Solche Frauen sind meine Role-Models! Nur anderthalb Meter groß zeigte Lotti Huber voller Lust, dass Alter ein Abenteuer sein kann. Wir brauchen mehr solche weiblichen Altersvorbilder. Frauen, die uns zeigen, dass man auch mit über 70 alles sein kann – cool, souverän, aber auch exzentrisch und unberechenbar. Nur weil wir alt werden, müssen wir nicht langweilig werden. Lebe lieber ungewöhnlich! Es gibt keinen Grund sich zu verstecken, nur weil man Rentnerin ist. Gerade Frauen haben ein viel größeres Talent als Männer, sich in der zweiten Lebenshälfte neu zu erfinden. Wir sind flexibler, weil wir uns lebenslang durch verschiedene Stationen wie Kindererziehung, Job, Partnerschaft, Familie, soziale Verpflichtungen durchschlängeln müssen und immer wieder auf neue Situationen stoßen. Das Leben verändert sich für eine junge Frau radikal, die wegen der Kindererziehung im Beruf pausiert. Das gilt auch für Frauen, deren erwachsene Kinder das Haus verlassen und die mit dem Empty-Nest-Syndrom zu kämpfen haben. Diese vielen Rollenbilder zwingen Frauen immer wieder dazu, ihr Leben neu zu definieren und zu planen.

Frauen im Rampenlicht haben es natürlich einfacher, sich bemerkbar zu machen. »Mit 20 Jahren war ich bereits sehr, sehr alt, mit 30 fast schon senil. Ich habe keine Zukunft für mich gesehen«, erklärte die 83-jährige Jane Fonda in einem Interview mit der BamS, »jetzt, mit über 80, fühle ich mich jünger und glücklicher als nie zuvor. Ist das nicht verrückt?« Man möchte gern wissen, wie sich das Älterwerden für eine Frau anfühlt, die einst als Schönheitsideal galt? »Ich hatte einige Schönheitsoperationen, aber nicht zu viele«, gibt Jane Fonda zu. Aber heute seien ihr Freunde wichtiger, und ihre Arbeit als Klimaaktivistin. »Ich habe junge Freunde, damit ich nicht die Letzte bin, die stirbt.« Das Wort Ruhestand hat Jane Fonda wahrscheinlich noch nie gehört.

»Age is no limitation«, sagt Simone Jacob. Es gibt für sie keine Altersbeschränkung. Sie kennen vielleicht nicht ihren Namen, aber bestimmt ihr Gesicht. Die Münchnerin gilt mit 58 Jahren weltweit als eines der erfolgreichsten Best-Ager-Models. Man sieht sie in internationalen Werbekampagnen für Kosmetik,

Mode, Pharmaprodukte. Ihr Markenzeichen sind ihre beneidenswert gesunden, schönen, silbergrauen Haare, die sie schulterlang trägt.

Für mich ist Simone Jacob der Beweis, wie Älterwerden einer Frau schmeicheln kann. Sie sieht aus wie 58, und das meine ich nicht despektierlich, sondern voller Bewunderung. Ihr Gesicht ist nicht das Ergebnis der Feinschmiedearbeit eines Schönheitschirurgen, sondern geradezu verblüffend in seiner Natürlichkeit. Da ist keine Falte weggespritzt oder auf Fotos wegretuschiert. »Man hat mir geraten, etwas gegen meine Falten um die Augen herum zu machen«, erzählt Simone Jacob. »Ich kann sie nicht wegdiskutieren, werde sie aber auch nicht entfernen lassen. Ich verurteile niemand, der sein Gesicht mit Botox behandelt oder straffen lässt. Aber für mich sind Falten wie Trophäen, die man ein Leben lang mühsam gesammelt hat und die man mit Stolz, nicht mit Scham tragen sollte.«

Die Schönheit des Alters gilt in Japan als hohe Kunst. Bei Kintsugi, einer traditionellen Keramikreparatur, bleiben kleine Risse bewusst sichtbar, weil sie zu einem wichtigen Teil des Objekts werden, seine Geschichte erzählen. So wie auch Falten Spuren eines intensiven Lebens sind – wie ein Ausrufezeichen, das man hinter einen wichtigen Satz platziert, damit die Botschaft nicht übersehen wird.

Ihr attraktives Aussehen ist das Kapital von Simone Jacob, aber sie misst ihm nicht die große Bedeutung bei, wie man es bei einem Model eigentlich erwarten würde. Schönheit, das zeigt auch ihr Lebensweg, ist keine Garantie, dass man es leichter hat.

Ich besuche sie in ihrem originellen kleinen Haus am Stadtrand von München und bin schon vorher beeindruckt über ihre Biografie: Model, Bloggerin, Bildhauerin, Malerin, Weltenbummlerin, TV-Journalistin, Pferdeflüsterin! Mutter zweier Kinder ist sie auch noch. Wie packt man das alles in ein Leben? Sie kommt gerade aus ihrem Atelier, wo sie aus Marmor mit einem Druckluftbohrer Skulpturen von archaischer Schönheit formt. Der Typ Frau, der ungeschminkt und in einer staubigen Latzhose so lässig wirkt, wie man selbst gern aussehen würde. An den Wänden hängen lebensgroße Pferdebilder, von ihr gemalt. Dabei hat sie sich nach dem Abitur nicht getraut, Kunst zu studieren, weil sie sich nicht für begabt genug hielt. »Zwischen dir und dem Himmel steht nur die Angst, nicht gut genug zu sein«, schreibt sie in ihrem Blog, dem rund 60 000 Fans folgen. Da stehen Sätze, die sich wie ein Manifest für ältere Frauen lesen: »Schick deine Routine in die Wüste! Oft stehen wir uns mit unseren Ritualen im Weg. Immer dann, wenn wir uns ohne sie schlechter, sogar funktionsuntüchtig fühlen. Wir erschaffen uns damit unseren eigenen Sklavenhalter. Deswegen plädiere ich dafür, mal etwas Verrücktes zu machen.«

Simone Jacobs Lebensweg zeigt, welche Chancen sich bieten können, wenn man den Mut hat, aus der Routine auszubrechen. Der tägliche Trott verhindert oft, dass wir uns selbst spüren und unsere Träume verwirklichen. Älterwerden ist die wunderbare Chance, sich endlich frei zu fühlen, weil viele Verpflichtungen wegfallen. Die Spiegel-Redakteurin Susanne Beyer schreibt, dass es eine neue Generation von Frauen um die 50+ gibt, die in der Lebensmitte glücklicher seien als je zuvor. Denn »Erfahrung ist Reichtum«.

Wagen wir den Versuch, ungewöhnlich zu leben. Und wenn es nur das Sommerkleid in einer knalligen Farbe ist, für das man sich eigentlich zu alt fühlt. Wer schreibt uns vor, welche Farbe wir noch tragen »dürfen«? Her mit dem Glas Sekt, einfach so, mitten am Tag, weil man sich beschwingt fühlen möchte. Nicht immer denselben Weg zum Supermarkt nehmen, auf einem Umweg das Viertel neu entdecken. Die Haare aus einer Laune heraus abschneiden oder färben lassen. Laut singen, auch wenn man unmusikalisch ist. Sich bei einem Tanzkurs anmelden, nachmittags ins Kino gehen und zwei Filme hintereinander anschauen. Es ist einfach herrlich, wenn man sich alles erlaubt, was man sich früher nicht traute, um nicht bei irgendjemandem anzuecken.

Kaum vorstellbar, aber als Teenager litt Simone Jacob wie viele junge Mädchen unter Unsicherheit. Dabei wurde sie schon mit 17 bei einem Theaterfestival von einem Modemagazin als Model entdeckt. »Mir war es peinlich, mit meinem Aussehen, wofür ich doch nichts kann, Geld zu verdienen. Ich wollte mit dem, was in meinem Kopf ist, ernst genommen werden. Das Modeln hat mir auch nicht gutgetan. Ich fühlte mich zu moppelig, litt unter Essstörungen.«

Sie gab das Modeln auf, entschied sich für ein Medizinstudium, das sie genauso schnell abbrach wie die Ausbildung zur Zahntechnikerin. Erst als sie sich für die Medienbranche interessierte, fand sie ihren Weg, wurde Journalistin, drehte Dokus, wurde erfolgreich. Zufällig entdeckte sie ein Bauernhaus in der Holledau, 70 Kilometer von München entfernt. »Das war schon immer mein Traum gewesen, ich wollte auf dem Land leben, mitten in der Natur, mit vielen Tieren.« Mit Entschlossenheit fing sie nochmals von vorn an, zog mit Mann und zwei kleinen Kindern in die Provinz, um sich einen Traum zu erfüllen: Pferde! »Von den Pferden habe ich Ruhe gelernt. Der Fels in der Brandung zu sein. Pferden kann man nichts vormachen. Sie spüren sofort, wenn du nicht authentisch bist.«

Ein Schicksalsschlag verändert alles. Ihr Mann, erfolgreich in der Werbebranche, hatte einen schweren Autounfall. Wieder ein Neustart. Simone Jacob jammerte nicht: »Das Leben bewegt sich weiter, und ich tendiere dazu, mit dem Fluss zu gehen. Veränderungen finde ich nicht bedrohlich, sondern spannend.« Diese positive Einstellung hilft ihr, als die Ehe scheitert und sie nach München zurückkehrt. Sie beschließt, sich eine Existenz als Hundesitterin aufzubauen. »Ich liebe Hunde und habe mir vorgestellt, dass ich malen und bildhauern könnte, während sie friedlich um mich herumliegen. Leider habe ich dabei übersehen, dass es Hunde gibt, die sich nicht so gut verstehen. Einige waren bissig, andere hysterisch. Das Konzept hat nicht funktioniert.«

Wieder muss sie von vorn anfangen. Aber Simone Jacob hat in ihrem Leben die Fähigkeit entwickelt, Chancen zu erkennen und furchtlos wahrzunehmen. »Ich bin immer reingesprungen«, sagt sie, »einfach schauen, was daraus wird.«

Ein Freund bittet, ob sie seine 17-jährige Tochter zu einer Modelagentur begleiten könne. Sie habe doch von früher viel Erfahrung. Wir ahnen, was passiert: Das Mädchen bekommt keinen Job, aber Simone Jacob wird engagiert. Nach rund 40 Jahren Pause arbeitet sie wieder als Model.

Die Agentur besteht zunächst darauf, dass sie sich ihre grauen Haare blond färben lässt. Simone Jacob winkt ab: »Das bin ich nicht. Was ist peinlich an grauen Haaren? Sie gehören zu mir. Es gibt nicht viele Frauen in meinem Alter, die echte graue Haare haben.«

Sie wird damit zum Symbol für Frauen, die ihre grauen Haare als Zeichen von Unabhängigkeit und Selbstbewusstsein tragen.

Mit jeder Pore ihres Körpers strahlt sie beneidenswerte Authentizität und Gelassenheit aus. Das macht sie in einem Alter, in dem viele Frauen sich aus Unsicherheit in ein seelisches Schneckenhaus zurückziehen, zum Star in der Werbebranche.

Die Liste der Firmen, die Simone Jacob buchen, liest sich inzwischen wie ein Who's who der Edelmarken. Von der noblen amerikanischen Kaufhauskette Bloomingdale's bis zu Luxusmarken wie Dr. Hauschka, Wella, Schwarzkopf oder Nivea.

Und sie genießt die Fotoshootings, das Drehen von Werbespots, die damit verbundenen weltweiten Reisen, das Geld, mit dem sie ihre künstlerischen Neigungen finanzieren kann. Auf Mallorca richtet sie sich ein Atelier ein, das auch als Galerie funktionieren soll. Sie fühlt sich im Leben angekommen, spürt, wie man ihr Respekt entgegenbringt.

Ihrem 60. Geburtstag sieht Simone Jacob mit Gelassenheit entgegen. Der Jugend trauert sie nicht hinterher: »Früher war ich nicht Fisch, nicht Fleisch. Da habe ich schon bei einem Pickel einen Nervenzusammenbruch bekommen. Heute nehme ich solche Äußerlichkeiten nicht mehr wichtig. Ich bin frei wie ein Vogel. Ich will fliegen. Wer weiß, wo ich in zehn Jahren lande, wenn ich alt und krumpelig bin.«

Sie genießt das Gefühl, gesehen und nicht übersehen zu werden: »Ich will zeigen, was wir Frauen über 50 draufhaben und dass Falten in Kombination mit einer positiven Ausstrahlung uns interessanter machen.«

Natürlich gibt es auch altersbedingte Einschränkungen. Wenn sie mit ihrem neuen Lebenspartner läuft, schmerzen manchmal die Knie. »Wir lachen darüber, wenn es irgendwo zwickt. Ja, ich bin auf dem Weg, alt zu werden. Aber Älterwerden ist doch eine Gnade. Die Alternative wäre der frühe Tod. Wer will das schon?«

Sie hält sich mit Bewegung fit. Statt Joggen empfiehlt sie das Gehen. »Das ist zwar unspektakulär und wird von vielen nicht als Sport empfunden. Aber

Gehen kann man immer. Es fängt praktisch vor der eigenen Haustür an. Man geht einfach los. Das ist gut für Ausdauer, Gesundheit und gute Laune. Außerdem kann man dabei neue, unbekannte und ungeahnt schöne Wege entdecken.«

Wie man gut altert, kann man in ihren Blogs lesen. Da schreibt sie zum Beispiel: »Folge deiner Intuition und lass dich nicht von anderen beirren! Du hast einen Traum, vielleicht möchtest du malen. Du kaufst dir Pinsel, Farben, Leinwand, legst einfach los. Freunde machen höfliche Bemerkungen zu deinen Bildern, geben scheinbar wohlmeinende Ratschläge. Du aber wirst unsicher, hast das Gefühl, alles falsch zu machen, bist am Ende frustriert. Und wenn du noch in die Ausstellung eines bekannten Künstlers gehst, wirst du gänzlich mutlos. Du hast deine Intuition und deinen kindlichen Spaß, dich auszudrücken, endgültig verloren. Was schade ist. Egal, ob es um Malen, Bildhauern, Singen, Musizieren, Schreiben oder Snowboarden geht, Talent ist nicht entscheidend, sondern der Spaß daran, sich auszudrücken. Vertraue dir selbst mehr als anderen.«

Vieles, was sie in ihrem Blog schreibt, spiegelt ihre Lebenserfahrung wider. »Meine Inspiration sind all die wunderbaren Frauen, die ich in meinem Leben getroffen habe. Meist sind sie wie ich in der Mitte ihres Lebens und tragen einen Schatz an Erfahrungen in sich. Ich durfte lernen, dass alles seine Zeit hat und manche Gaben warten müssen, bis man die entsprechende Reife hat, sie anzunehmen und zu leben.« Ihr

Mantra: »Das Leben – was für ein Ritt. Sei mutig, lebe deinen Traum und höre nicht auf, dich selbst neu zu erfinden.«

Hört sich das alles nicht wie ein Weckruf für uns Frauen jenseits der 50 an? Raus aus dem Kaninchenbau der Isolation. Schließen Sie sich einem Verein an, gründen Sie einen Nachbarschafts-Treff, unterrichten Sie Flüchtlingskinder oder gehen Sie ins Kino. Hauptsache, Sie bleiben nicht stehen. Wer rastet, der rostet, sagt ein gar nicht so dummes Sprichwort.

KAPITEL 28

Politik und andere Beschäftigungen

Was verbindet Joe Biden und mich? Falls Sie einen Anfall von Größenwahn bei mir vermuten, kann ich Sie beruhigen. Es ist nur so, dass er und ich einiges gemeinsam haben. Beide sind wir über 70 und sind entschlossen noch einmal kräftig in der Politik mitzumischen. Er wurde mit 78 Jahren zum 46. Präsidenten der Vereinigten Staaten gewählt, ich mit 71 Jahren in den Bezirksausschuss Bogenhausen in meiner Heimatstadt München. Die Aufgabenstellung mag unterschiedlich sein. Während Joe 1,9 Billionen Dollar für das Corona-Hilfspaket durch den Kongress boxte, stimmte ich nach langen Diskussionen dafür, dass ein lokales Theaterprojekt mit 4 945 Euro unterstützt wird. Aber Kleinvieh macht auch Mist, wie mein Großvater zu sagen pflegte, wenn es ums Geldausgeben ging.

In der Politik wird viel geredet und diskutiert, die Sitzungen ziehen sich vor allem abends endlos hin.

Dem Präsidenten wird es diesbezüglich nicht anders gehen als mir. Freunde fragen besorgt: Warum tust du dir das an, in deinem Alter?

Ja, warum? Es gibt passende Antworten, die man unter dem Stichwort Political Correctness abrufen kann. »Aus Verantwortungsgefühl«, zum Beispiel. »Es geht mir um die Demokratie«, oder: »Ich möchte mich fürs Gemeinwohl engagieren.« Klingt gut und eignet sich fürs Protokoll.

»Weil du wichtig sein willst«, flüstert mir hingegen meine Freundin Renate mit der ihr typischen Rücksichtslosigkeit zu. Was wäre dagegen einzuwenden? Wollen wir nicht alle gehört und gesehen werden? Mitreden und mitentscheiden? Wer möchte sich schon freiwillig zum alten Eisen zählen? Auch das verbindet mich mit dem mächtigsten Mann der Welt: Nach 50 Jahren in der Politik will sich Joe Biden genauso wenig aufs Abstellgleis schieben lassen wie ich mich nach einer ähnlich langen Karriere als Journalistin. Alt sind bekanntlich immer nur die anderen.

Während Joe Biden einfach da weitermachte, wo er bisher erfolgreich war, musste ich in der Politik bei Punkt null anfangen. Eine Umstellung, wenn man als langjährige Chefin in einer Blase gelebt hat, in der für einen ständig der rote Teppich ausgerollt wurde und man die Entscheidungshoheit hatte. Nach einer langen, erfolgreichen Karriere schlüpfte ich wieder in die Rolle der blutigen Anfängerin.

Warum ich mir das also antue? Weil ich nicht für die Rolle der stillen Beobachterin geeignet bin.

Mich interessieren Menschen, ihre Beweggründe, ihre Träume und Nöte. Als Journalistin hat mich das ein Leben lang beschäftigt. Und das hört nicht schlagartig auf, nur weil ich unter meinen Beruf einen Schlussstrich gezogen habe. Ich möchte meine Lebenserfahrung, mein Urteilsvermögen, meinen Enthusiasmus einsetzen, um in meiner unmittelbaren Umgebung etwas Positives zu bewirken. Deswegen verschafft Lokalpolitik mir so viel Befriedigung. Man ist ganz nahe an den Menschen, es geht um zu bewältigende Probleme, um mein Viertel, um mein Zuhause. Da, wo ich mich auskenne und weiß, was es bedeutet, wenn zum Beispiel ein Baum gefällt werden soll. Zu Bäumen habe ich überhaupt ein neues Verhältnis!

Vor etlichen Jahren war ich in meiner Eigenschaft als Chefredakteurin zu den Whitley Awards eingeladen, auch bekannt als Green Oscars, bei denen Auszeichnungen für weltweite Naturschutzprojekte verliehen werden. Einer der wichtigsten Gäste des Abends war Leonardo DiCaprio, der sich aktiv für Umwelt- und Tierschutz einsetzt. Ich konnte ihn kurz interviewen und war von seinem Engagement beeindruckt. So etwas färbt ab. An diesem Abend fühlte ich mich als Teil einer internationalen Vereinigung von Menschen, die sich für die Zukunft unseres Planeten starkmachen. Deswegen war ich sofort bereit, mich im Bezirksausschuss für Baumschutz zu engagieren. Mein erster Auftrag: die Überprüfung einer Esche, für die es einen Antrag zur Fällung gab. Ich meldete mich beim Hausmeister der Wohnanlage an, in der besagte Esche stand. »Welche Esche?«, wollte er wissen. Ich schaute ihn fragend an, und mit einem gewissen Mitleid in der Stimme schlug er vor: »Suchen Sie sich eine aus.« Ich hatte es nicht bemerkt, aber ich stand in einem Wald von Eschen, denn diese Baumsorte ist in München stark vertreten – und leider auch ein Pilz, das »falsche weiße Stengelbecherchen«, der diesen Bäumen stark zusetzt. Deswegen müssen betroffene Exemplare gefällt werden. Der Lageplan mit dem eingezeichneten Standort war schwieriger zu lesen als die Wanderkarte durchs Karwendel, und das will was heißen. Ich hoffe nachträglich, dass ich die richtige Esche benannte, für deren Fällung ich stimmte.

Im weiteren Verlauf meiner ehrenvollen Tätigkeit als Baumschützerin lernte ich, wie schwierig Bäume zu unterscheiden sind, wenn sie keine Blätter haben. Dann steht man in stummer Verzweiflung vor kahlen Baumstämmen und weiß nicht, ob das nun eine Hainbuche, Esche oder Erle ist. Im Winter sehen alle Bäume gleich aus. Zumindest für jemanden, der nicht beim Gartenbauamt beschäftigt ist.

Früher blieb mein Blick bei Gala-Veranstaltungen gern an den Outfits berühmter Frauen kleben. Es gibt in BUNTE dazu eine amüsante Spalte »wunderbar« und »sonderbar«, und je nachdem, in welcher ein Star mit seiner Abendrobe landete, hatte ich neue Freundinnen oder erprobte Feindinnen. Heute konzentriert sich mein Blick nur noch auf den Straßenbelag in meinem Stadtbezirk. Eine ältere Dame hat sich zum Beispiel bei der Bürgerversammlung beschwert, dass sie beim Autofahren wegen der Schlaglöcher in der Mauerkircherstraße Rückenprobleme bekommen hätte. Solche Hinweise nehmen wir im Bezirksausschuss ernst. Zum Ortstermin rückt der Unterausschuss Verkehr und Mobilität an, das Straßenbauamt und die Polizei werden um Statements gebeten, auch die Vertreter der Unteren Naturschutzbehörde. Wenn der Straßenbelag ausgebessert wird (wir warten noch darauf) oder Abstellplätze für Fahrräder geschaffen und Abfall-Container unter die Erde verlegt werden können (was schwierig durchzusetzen ist), fühlt sich das alles für mich wie eine gute Tat an.

Früher hätte ich aber bedeutendere Aufgaben gemanagt, hat mal jemand zu mir gesagt. Mit diesem gewissen Ton in der Stimme, als hätte ich einen Abstieg von der ersten in die dritte Bundesliga zu verkraften. Natürlich verändern sich die Perspektiven, wenn wir unseren Beruf aufgeben. Es ist wie der Umzug in eine kleinere Wohnung, zu der wir mehr oder weniger gezwungen werden. Wir können nicht alles mitnehmen, müssen einiges zurücklassen, auch wenn uns das vielleicht schwerfällt.

Die Schweizer Psychologin und Psychotherapeutin Pasqualina Perrig-Chiello, die sich mit Krisen in der Lebensmitte befasst, meinte in einem Gespräch mit der Zeitschrift GEO WISSEN: »Man braucht in Krisenzeiten die Konzentration auf sich selbst, um danach wieder offen für Neues sein zu können. Dafür braucht es Zeit – bei den meisten dauert dieser Prozess rund zwei Jahre. Viele empfinden dann ein tieferes Bewusstsein für Spiritualität, spüren einen Bezug zu einer Kraft, die größer zu sein scheint als sie selbst. Andere entdecken neue Möglichkeiten, sich zu entfalten, erleben Beziehungen intensiver oder schätzen das Leben insgesamt mehr als zuvor.« Sie ist davon überzeugt, dass die zweite Lebenshälfte erfüllender sein kann, als viele von uns denken.

Es dauerte in meinem Fall rund zwei Jahre, in denen ich darüber nachdachte, was ich mit dem Rest meines Lebens anfangen könnte. Wie sollte ich die vielen Jahre, die hoffentlich noch vor mir lagen (meine Großeltern wurden alle über 90 Jahre alt), mit sinnvoller Beschäftigung füllen?

Psychologen sagen, dass unsere seelische, geistige und physische Gesundheit umso mehr gefährdet sei, je weniger Aufgaben und Probleme wir tagtäglich zu bewältigen haben. Es gibt dafür sogar einen neuen Begriff, das »Bore-out-Syndrom«, die Langeweile! Das Gegenteil von einem Burn-out, unter dem heute viele Berufstätige leiden, weil sie mit dem Stress nicht fertigwerden. Der Zustand der Unterforderung kann ebenso krank machen und zu Stimmungsschwankungen bis zu Depressionen führen. In der Corona-Krise haben viele die Erfahrung gemacht, wie sich der Rentner-Blues einmal anfühlen könnte. Abgeschnitten vom Rest der Menschheit hockt man zu Hause herum. Es fehlten die Anregungen durch andere Menschen. Solange unsere Gedanken nur um uns selbst kreisen, bleiben wir in der eigenen Welt gefangen, die auf diese Weise ziemlich klein und eng werden kann. Da wird schon der Gang zur Abfalltonne zum Ereignis.

Deswegen erzähle ich so gern die Geschichte, wie Uschi Glas mit Mitte 60 eine neue, sinnvolle Aufgabe fand, die so gar nichts mit ihrem bisherigen Beruf als Schauspielerin zu tun hat. Bei einer Autofahrt durch München hört sie zufällig eine Radioreportage. Sie konnte kaum glauben, was da erzählt wurde. Rund 3000 bis 5000 bedürftige Grundschüler kommen morgens ohne Frühstück und Pausenbrot in die Schulen, leiden deswegen unter Konzentrationsschwierigkeiten im Unterricht. »Und das in einer reichen Stadt wie München«, erzählte mir die Schauspielerin, »das hat mich direkt ins Herz getroffen.« Vielleicht hätte sie sich in einer anderen Situation ihres Lebens mit der Betroffenheit abgefunden und sich wieder dem Tagesgeschäft zugewandt. Doch das Älterwerden ist mit vielen Erfahrungen verbunden und deswegen auch mit wachsendem Verantwortungsgefühl. Mit ihrem Mann Dieter Herrmann schickte die Schauspielerin an rund 130 Grundschulen ein Fax mit der Frage, ob es tatsächlich hungernde Kinder in München gäbe. Sie erhielt schockierend viele Antworten, die das bejahten. Eine Schulleiterin schrieb ihr, dass bereits ein Zwieback gegen die Unterzuckerung helfen würde, die zu den Konzentrationsschwierigkeiten im Unterricht führte.

Mit der Unterstützung von Freunden und großzügigen Unternehmen lieferten Uschi Glas und ihr Mann Notfall-Boxen für bedürftige Schülerinnen und Schüler, in denen sich unter anderem Müsliriegel und Obst befanden. Was ganz klein und spontan mit einer Eigeninitiative begann, entwickelte sich zu einer immer größeren Aktion. So entstand die gemeinnützige Organisation brotZeit e. V., die inzwischen deutschlandweit an rund 10 000 bedürftige Grund- und Förderschüler ein kostenloses Frühstück verteilt. Über 300 Schulen in München, Berlin, Frankfurt, Dresden und Hamburg werden beliefert. Schnell war klar, dass die Verteilung des Frühstücks nicht von den Schulen organisiert werden konnte. Die geniale Idee von Uschi Glas: Sie aktivierte mithilfe der Kirche Hunderte von Seniorinnen und Senioren, die jetzt ehrenamtlich morgens die Brote schmieren, heißen Kakao ausschenken und dafür sorgen, dass kein Kind hungrig in den Unterricht geht. Manche Hilfskräfte helfen sogar beim Unterricht aus, oder bei der Nachmittagsbetreuung. Für viele Schüler sind die Seniorinnen eine wichtige Anlaufstelle geworden, wo sie Wärme und liebevolle Zuneigung erfahren.

Viele dieser Seniorinnen haben erst durch diese ehrenamtliche Tätigkeit in ein aktives Leben zurückgefunden. Uschi Glas erzählt, manche hätten sich so zurückgezogen, dass sie sich selten die Haare gewaschen hätten. Warum auch, es sah sie ja niemand mehr. Jetzt aber würden sie von den Kindern morgens stürmisch begrüßt und auch auf der Straße erkannt.

Durch die gemeinsame ehrenamtliche Tätigkeit entstanden Freundschaften, man trifft und kümmert sich umeinander. Eine Seniorin sagte zu Uschi Glas: »Ich bin wieder wer! Man braucht mich. Das hat mir meine Lebensfreude zurückgegeben.«

Ich erzähle diese Geschichte so ausführlich, weil sie zeigt, wie eine zufällige Beobachtung in eine große Idee münden kann. Der wichtigste Ratschlag für den Ruhestand: beweglich bleiben. Aktiv auf andere zugehen. Bestehende familiäre und freundschaftliche Kontakte bei Bedarf wieder erneuern. Es geht um Lebensfreude, um das schöne Gefühl, noch Teil der Gesellschaft zu sein. Wir wollen nicht vergessen werden. Und das gelingt, wenn wir die anderen nicht vergessen. Nur wer aktiv am Dasein teilnimmt, bleibt körperlich und seelisch jung. Das sorgt für neue Impulse und Reize.

Wie wäre es deshalb mit einer ehrenamtlichen Tätigkeit? Meine Freundin Marie, eine berühmte Society-Autorin, war während ihres Berufslebens auf jedes Fest des internationalen Jetsets eingeladen, immer unterwegs in der ganzen Welt. Wie sieht ihr Leben aus, seit sie sich aus ihrem aufregenden Job zurückgezogen hat? Sie ist immer noch mit vielen Menschen in Kontakt, zum Beispiel liest sie in einem Seniorenstift alten Herrschaften vor. Das sei eine glücklich machende Aufgabe, versichert sie, sie fühle sich durch die Aufmerksamkeit der Seniorinnen und Senioren reich beschenkt.

Wussten Sie, dass rund 30 Millionen Deutsche ehrenamtlich tätig sind? Auf dem Sportplatz, in Kinderheimen, bei der Feuerwehr und Bergrettung. Kaum etwas ist erfüllender, als mit den eigenen Fähigkeiten und Talenten im Leben anderer Menschen einen spürbar positiven Unterschied zu machen. Jetzt, wo wir an Jahren gereift sind, verfügen wir über mehr Erfahrungskompetenz, was bei Konfliktsituationen weiterhilft. Und noch eine gute Nachricht für uns Oldies: Studien belegen, dass wir in der zweiten Lebenshälfte das Verhalten von Menschen zuverlässiger einschätzen, weil wir die Mimik und die Gestik unseres Gegenübers besser deuten können. Wir sind die besseren Krisenmanager!

Ich stelle Ihnen einige gute Anlaufstellen vor, wenn Sie aktiv werden wollen:

- Beim Verein »www.ehrenamt.bund.de« finden Sie den Help-O-Mat, der eine Übersicht über geeignete Tätigkeiten anbietet. Hier erfahren Sie, welche Hilfsorganisationen zu Ihren persönlichen Interessen und Fähigkeiten passen. Vielleicht wollen Sie in der Flüchtlingshilfe aktiv werden? Oder Ihren Hund zum Suchhund ausbilden lassen? Vielleicht einen Erste-Hilfe-Kurs machen, um in Notfällen helfen zu können?

- »GoVolunteer« ist zum Beispiel eine deutschlandweite Helfer-Community, die Unterstützung für soziale Projekte suchen. Die Grünen Damen entlasten Pflegepersonal in Krankenhäusern, besuchen hilfsbedürftige Menschen, suchen das Gespräch und übernehmen kleine Dienstleistungen. Fast jede Kommune bietet Anlaufstellen für ehrenamtliche Tätigkeiten in der nächsten Umgebung.

- Die Bundesarbeitsgemeinschaft der Seniorenorganisationen, kurz BAGSO, setzt sich für ein aktives, selbstbestimmtes und möglichst gesundes Älterwerden ein.

Haben Sie keine Angst vor dem Unbekannten! Alter ist eine Frage des Geistes und nicht der Lebensjahre. Reden Sie sich bloß nicht ein, Sie seien zu alt für irgendetwas. Sonst sitzen Sie am Ende zu Hause herum, wie bestellt und nicht abgeholt! Das Leben fliegt an Ihnen vorbei, als stünden Sie auf einem verlassenen Bahnhof, wo kein Zug mehr hält.

Wie erreichen wir Zufriedenheit im Ruhestand? Wichtig sind vor allem stabile Beziehungen zu anderen Menschen. Wobei es nicht auf die Anzahl der Kontakte ankommt, sondern auf ihre Qualität. Verknüpfen Sie sich mit anderen Menschen, das gelingt Frauen meistens besser als Männern.

Unser ganzes Leben ist von Veränderungen bestimmt. Hören Sie in sich hinein. Sind Sie sich eigentlich Ihrer Talente bewusst? Kennen Sie Ihre Stärken und Fähigkeiten? Eines kann ich Ihnen versichern: Das Ende Ihrer Berufstätigkeit kann der Beginn eines wunderbaren und kreativen Lebens sein.

Einige positive Beispiele gefällig?

Lothar Strohbach war 40 Jahre lang eine wichtige Führungspersönlichkeit im Burda-Verlag, erst Chefredakteur, später Berater für internationale Projekte. Als er mit 68 in den Ruhestand ging, wollte er die nächsten Jahre nicht nur mit Golfspielen verbringen. Als Student hatte er den Magister für Bayerische Geschichte und Germanistik erworben. Warum jetzt nicht weiterstudieren? Mit 71 promovierte er, der Titel seiner Doktorarbeit lautete: »Der Fotograf Karl Lagerfeld auf der Suche nach der verlorenen Schönheit«.

»Ich genieße mein Leben wie nie zuvor«, erzählt er, »endlich habe ich Zeit und Muße, zu lesen, Musik zu hören.« Er ist jetzt 80 und arbeitet wieder an einem neuen Buch, diesmal geht es um die Frauen bei Verdi.

Die Bestseller-Autorin Ingrid Noll ist mein persönliches Vorbild dafür, dass Jahre nichts über das wirkliche Alter aussagen. Mit 85 stellte sie einen neuen Krimi »Kein Feuer kann brennen so heiß« vor und sitzt bereits am nächsten Buch.

Goethe hat seinen Faust mit 80 Jahren beendet.

Johanna Quaas, Jahrgang 1925, ist Deutschlands älteste Wettkampfturnerin, die mit einem Schwung auf den Barren springt, als wäre sie ein Teenager. Mit 90 Jahren wagte sie den ersten Fallschirmsprung ihres Lebens.

Eugen Knebel, Rentner aus Pfullingen und im früheren Leben Fliesenleger, begann mit 88 Jahren, an der Uni Tübingen Philosophie zu studieren. Warum er sich für dieses Fach entschied? »Man braucht dazu eine geistige Reife, ich glaube, die habe ich inzwischen«, erklärte er der BILD-Zeitung.

Die frühere hoch geschätzte Oberbürgermeisterin von Rosenheim, Gabriele Bauer, hat sich mit 62 Jahren aus der Politik verabschiedet, weil sie in München Geschichte studieren wollte. Dabei hätte sie die Wiederwahl gewinnen können. Aber sie wollte noch einmal im Leben eine neue Richtung einschlagen.

In uns allen leben verborgene Wünsche und Sehnsüchte. Alles, was nach dem Berufsleben kommt, ist nicht Pflicht, sondern Kür. Leben Sie Ihre Träume. Sie können sich auf einen Marathonlauf vorbereiten, einen Tangokurs besuchen, Klavier spielen oder Italienisch lernen, Rosen züchten, einen Bridgeklub gründen, sich einer Wandergruppe anschließen, jede Woche einen Stammtisch besuchen, Ahnenforschung betreiben, ihre Familiengeschichte für die Enkel aufschreiben. Das Internet ist voll von Best Agern über 60, die ihre Lebenserfahrungen teilen wollen.

Es geht nicht mehr darum, Höchstleistungen zu erzielen, sondern etwas für sich zu tun. Genießen Sie Ihr Leben. Sie haben kein zweites im Kofferraum.

Sie brauchen noch weitere Anregungen für die Zeit danach?

Die rund 900 Volkshochschulen in Deutschland bieten jährlich rund 700 000 Veranstaltungen an – Kurse, Vorträge, Studienfahrten und Exkursionen.

Ich selbst habe an einem Kurs für Aquarellmalen teilgenommen. Das Lernen, wie ich mit Farben und Leinwand umgehe, war spannend, aber noch besser gefiel es mir, mit Gleichgesinnten zusammen zu sein. Wir treffen uns noch heute. Wir malen nicht mehr, sondern reden, lachen, feiern. Glücklich, dass wir uns gefunden haben.

Eine meiner Freundinnen hat nach Ende ihrer Karriere mit dem Töpfern angefangen. Einfach so, aus Spaß. Es dauerte nicht einmal zwei Jahre, ehe sie jetzt bereits so kunstvolle Keramik herstellt, dass sie mit Aufträgen überhäuft wird.

Das Schöne an kreativer Arbeit im Alter: Wir brauchen keinen Eignungstest. Wir müssen auch keine Angst vor Misserfolg haben. Es geht um die persönliche Schöpfungskraft, um das Bedürfnis, sich auszudrücken. Ob Sie das jetzt mit der Welt teilen wollen oder nicht, liegt ganz bei Ihnen.

Das Alter bringt die Freiheit des Lernens. Jetzt können Sie sich weiterbilden, ganz ohne Zwang, ohne Prüfung. Die meisten Universitäten bieten Studiengänge für wissbegierige Senioren an, teils auch ohne Hochschulzulassung. Beliebt bei älteren Studierenden sind Fächer wie Politikwissenschaft, Geschichte, Philosophie, Archäologie.

Sie wollen es gemütlicher angehen lassen? In vielen Vereinen wird man Sie mit offenen Armen aufnehmen. Ob Sie Ihre buchhalterischen Erfahrungen als Schatzmeisterin einbringen oder sich in der Jugendbetreuung engagieren.

Das Abenteuer kann gleich vor Ihrer Haustür beginnen. Gibt es eine Initiative in der Nachbarschaft, die Sie unterstützen möchten? Die Verbesserung eines Spielplatzes zum Beispiel, das Organisieren eines Straßenfestes, die Versorgung von Mitmenschen, die Hilfe brauchen? Aus meiner ehrenamtlichen Tätigkeit in der Lokalpolitik weiß ich, dass Kleinigkeiten Großes bewirken können. Wo wir direkt helfen und eingreifen können, fühlen wir uns gebraucht und wichtig. Die Rettung eines schönen alten Baumes in meiner Nachbarschaft fühlte sich wie ein großer Sieg an. In uns allen steckt mehr, als wir vielleicht wissen. Deswegen wird der Ruhestand zur aufregenden Expedition in das neue Ich. Marschieren Sie los! Gleich jetzt.

KAPITEL 29

Das Geheimnis der Hundertjährigen

Vielleicht muss ich noch mal umziehen. Nach Costa Rica, auf die Halbinsel Nicoya. Ich kenne dort niemanden, spreche kein Spanisch, und außer schnorcheln und schwimmen findet da nicht viel statt. Was ich dort will? Die rund 132 000 Einwohner haben weltweit mit die längste Lebenserwartung. Ich könnte mich auch für die Inselgruppe Okinawa im Süden Japans entscheiden. Aktuell wohnen da 962 Hundertjährige oder noch Ältere, alle bei bester Gesundheit. Leider beherrsche ich auch dort weder Sprache noch Schriftzeichen und könnte deswegen nie die Speisekarte lesen. Was enorm wichtig wäre, denn das Geheimnis von Langlebigkeit, und da sind sich so ziemlich alle Wissenschaftler einig, beginnt mit dem Essen. Eine ungünstige Nachricht für Menschen wie mich, die sich gern mal ein Wiener Würstchen (schlecht) oder ein Sahneschnittchen (noch schlechter) reinziehen. Tatsache aber ist, dass Menschen in

Regionen, wo die meisten 100-Jährigen leben, durch eine pflanzenbasierte Ernährung bis ins hohe Alter von Krankheiten verschont bleiben, die in anderen Teilen der Welt häufig zum Tod führen. Ich möchte auch 100 Jahre alt werden. Mindestens. Muss ich deshalb, um mehr Salatblätter zu knabbern, in eine Gegend ziehen, die mir so fremd wie die Mars-Oberfläche ist? Denn seit ich aus dem aktiven Arbeitsleben ausgeschieden bin, beschäftigt mich die Frage: Wie alt kann ich werden? Und das bitte bei bester Gesundheit?

»Jedem Anfang wohnt ein Zauber inne«, lautet die berühmte Zeile von Hermann Hesse aus einem Gedicht über die verschiedenen Lebensabschnitte, die wir durchlaufen, die »Stufen der Menschwerdung«. Für mich ist der Ruhestand wie ein großes Tor zu einem neuen Leben, in dem ich mir näherkomme als je zuvor. Es ist wie eine Bewusstseinserweiterung ohne Drogen. Ich empfinde alles um mich herum doppelt so intensiv. Nie erschien mir das Leben schöner als im Hier und Jetzt. Was löst dieses berauschende Gefühl des Eins-Seins mit sich und der Welt aus? Resilienz-Forscher glauben, dass wir ab dem sechsten Jahrzehnt seelisch widerstandsfähiger werden. Die Außenwelt verblasst allmählich, und wir wenden uns seelisch gefestigt der eigenen Persönlichkeit zu. Ein Zustand, den ich noch viele, viele Jahre genießen möchte.

Vieles hängt dabei von der richtigen Ernährung ab. Das Fachgebiet von Professor Sven Voelpel, 47, der unter anderem in Bremen und Tokio lehrt, ist Betriebswirtschaft. Er berät weltweit Firmen über den demografischen Wandel und forscht vor allem darüber, was Menschen altern lässt und was sie jung hält. In seinem Buch »Entscheide selbst, wie alt du bist« beschreibt er die wichtigsten Faktoren, wie unser Leben im Alter immer besser werden kann: mit einer basisch pesto-vegetarischen Ernährung, die der populären Mittelmeer-Diät gleicht. Auf griechischen Inseln, auf Korsika und Sardinien leben die Menschen nachweislich länger und gesünder als in Nordeuropa. Kein Fleisch kommt auf den Tisch, oder nur sehr wenig, dafür Fisch, Eier, Milchprodukte, proteinhaltiges Gemüse wie Bohnen, Samen, Nüsse, Haferflocken, Sprossen.

Klingt gesund – und sieht auf dem Teller bestimmt auch so aus. Hasenfutter! Aber wenn es mir hilft, länger zu leben, esse ich auch Algen und Flohsamen.

Leider ist es damit nicht getan. Ernährungsapostel predigen nicht nur fleisch- und zuckerloses Essen, sondern auch regelmäßiges Fasten. Das erinnert mich an die Fastenzeit in der katholischen Gegend, wo ich aufgewachsen bin. Wenn man am Sonntag in die Kirche ging, sollte man nüchtern die Kommunion empfangen. Regelmäßig fiel eine Schulkameradin in Ohnmacht, weil sie nicht gefrühstückt hatte. Die Erwachsenen sprangen auf, trugen sie ins Freie, tätschelten ihre Wangen und holten etwas zu essen. Wie ich Elfriede beneidete, so im Mittelpunkt zu stehen! Niemals zeigte jemand Mitleid, wenn mir der Magen knurrte. Dabei faste ich schon mein ganzes Leben lang. Allerdings nicht aus religiösen, sondern eher weltlichen Gründen. Seit ich denken kann, beschäftigt mich mein Gewicht. Ich will abnehmen, und das ist eine gute Voraussetzung, wenn man alt und noch älter werden will.

Beim Fasten entsteht ein hochwirksamer Anti-Aging-Prozess, ein Selbstreinigungsprozess der Zellen. Alle Bausteine unseres Organismus, die beschädigt sind, werden gezielt abgebaut und wieder verwertet. Dieser Mechanismus wird Autophagie genannt, altgriechisch für »sich selbst verzehrend«. Ja, das klingt etwas unheimlich, aber ich habe an meinem Körper Regionen, die ich liebend gern für ein Festmahl zur Verfügung stellen würde. Darf's vom Hüftspeck noch ein bisschen mehr sein?

Die verjüngende Wirkung durch Kalorienreduzierung ist Allgemeinwissen. Und über nichts sprechen Menschen beim Essen so ausführlich wie über Diäten. Bei Schnitzel und Lasagne (die Lieblingsgerichte der Deutschen) wird leidenschaftlich über gute und schlechte Fette, über Kalorien und Vitamine diskutiert. Ich beteilige mich gern daran, solange mir niemand meine Königsberger Klopse mit Kapernsoße streitig macht. Diäten lassen sich am besten planen, wenn man den Mund voller köstlicher Kalorien hat.

Ganz vorn im Trend liegt das Dinner-Cancelling, auf das auch anerkannte Ernährungspäpste schwören. Wenn man Single ist, kein Problem. Aber mit Familie? Bleibt man in der Küche, wenn die anderen essen? Oder setzt man sich mit an den Tisch und hält sich tapfer an einem Glas Wasser fest? Hollywood-Star Angelina Jolie hat jetzt erzählt, dass sie hin und wieder für ihre sechs Kinder das Abendessen kocht, aber selbst aus Diät-Gründen nichts anrührt. Die Kinder schimpfen dann, wie ungemütlich das sei: »Mama, du hast wieder nichts gegessen!«

Die Steigerung eines asozialen Verhaltens ist das Intervallfasten. 16 Stunden lang nichts essen. Das kann selbst in glücklichen Beziehungen zur Krise führen. Als ich im Selbstversuch um 18 Uhr das Abendessen auf den Tisch stellte, war mein Mann überrascht. Normalerweise essen wir zwei Stunden später. Das nächste Frühstück musste er allein einnehmen, weil ich erst nach zehn wieder essen durfte. Aus Höflichkeit saß ich mit am Tisch, bis er frustriert sein Brötchen weglegte und meinte: »Ich bringe keinen Bissen runter, wenn du mich so hungrig wie ein Tigerweibchen anstarrst.«

Für die Liebe muss man manchmal Opfer bringen: Ich habe in ein Butterbrötchen gebissen, auch wenn das wahrscheinlich auf Kosten meiner Lebenszeit geht.

Wie kriegt man das hin mit einer vernünftigen Ernährung? Fragen wir Anna Lewandowska, Polens erfolgreichste Ernährungs- und Fitnessberaterin. Sie weiß, wie wichtig die richtigen Proteine in der Nahrung sind, die für alle wesentlichen Vorgänge in unserem Körper unerlässlich sind. Für Hirn- und Herzfunktionen, Fettverbrennung, das Immunsystem, den Aufbau von Muskeln und Haut, um nur einige zu nennen. Ihr Mann ist der Weltfußballer Robert Lewandowski, der als Torschützenkönig den FC Bayern von einer Meisterschaft in die nächste führt. Seine sagenhafte Kondition und Konzentration verdankt er einem Ernährungsprogramm, das Anna, früher selbst Hochleistungssportlerin, für ihn ausgetüftelt hat. Inzwischen berät sie auch andere Fußballer und Sportler. Allerdings muss man sehr diszipliniert sein, um nach Annas Regeln zu leben. In einem Interview mit dem Magazin der Süddeutschen Zeitung beschreibt sie ihre strengen Vorgaben: »Robert hat seine Ernährung komplett umgestellt. Wir essen kein Gluten, keinen Zucker, keine Kuhmilchprodukte, keinen Weizen. Wir trennen proteininhaltige Lebensmittel von kohlenhydrathaltigen. Zucker ersetzen wir durch Datteln oder Ahornsirup. Wir essen glutenfreie Nudeln, Linsen, Kichererbsen, Hirse, Gemüse. Brot ersetzen wir durch Reis, Getreide und Hülsenfrüchte.« Anna steuert sogar die Nachtruhe ihres Mannes durch Ernährung: »Für einen guten Schlaf braucht der Körper genug Tryptophan.« Das ist eine Aminosäure, die der Körper nicht selbst herstellen kann und die mit der Nahrung zugeführt werden muss. Zum Beispiel durch Cashewnüsse, Sojabohnen, Kakao, Erbsen, Mais oder rohen Lachs. Und wenn das nicht hilft, träufelt sie Robert noch etwas Lavendel aufs Kopfkissen. »Das ist unser Leben, wir kennen es nicht anders«, erklärt sie die spartanischen Regeln. Was aber, wenn einer der beiden plötzlich Lust auf einen richtigen fetten Burger oder auf Eis mit Sahne hat? Anna reagiert störrisch: »Vielleicht will man manchmal etwas essen, weil es köstlich aussieht, aber danach fühlt man sich nur schlecht.«

Besser, ich gestehe ihr nicht meine Vorliebe für »Floating Island«, eine Köstlichkeit, die, wenn ich auf Ernährungspäpste höre, mich frühzeitig ins Grab bringt. Eine dicke Vanillesoße aus Sahne und Eiern, in denen zuckersüßes Schaumgebäck »schwimmt«. Auf das Baiser gehören noch Sahne mit Rum und Puderzucker und als Krönung ein Klacks Karamellsoße. Floating Island gehört zu einer langen Liste von Nachspeisen, die ich am liebsten in Gesellschaft meines Freundes Albert esse. Er schätzt wie ich alles, was zuckersüß, schaumig und klebrig nach Kindheit schmeckt.

Erstaunlicherweise ist Albert bei guter Gesundheit weit über 80 Jahre alt. Dabei gilt Zucker als schlimmster Lebenszeit-Killer. Doch vielleicht wirken die Glückshormone beim Verzehr von Nachspeisen genauso lebensverlängernd wie Algen und glutenfreie Nudeln? Mit der Formel »Mind over Matter« bezeichnet die Psychologie ein Prinzip, wonach psychische Vorgänge eine weitaus größere Macht ausüben können als körperliche Prozesse.

Ein gutes Argument für Albert und mich. Wir würden im Restaurant sowieso lieber mit dem Dessert starten. Immer das zuerst, worauf man den meisten Appetit hat. In der Hinsicht gibt mir sogar Anna

Lewandowska recht. Sie empfiehlt tatsächlich, dass man mit einem süßen Brownie vor dem Brathuhn starten sollte: »Die Kellner finden das vielleicht seltsam, aber ein Dessert wird schneller verdaut, und so funktioniert meines Erachtens die Verdauung am effektivsten.« Danke, Anna. Eine ausgewogene Ernährung hilft bestimmt, wenn man ein gutes Alter anstrebt. Aber seelisches Wohlbefinden scheint mir genauso wichtig. Und das entsteht durch die Glückshormone, die beim Verzehr von Floating Island geradezu raketenhaft in mir aufschießen.

Seit ich mich intensiv mit der Kunst des guten Alterns beschäftige, stoße ich auf eine Sensation nach der anderen. Schon mal von den »Immortalists« gehört? Das ist eine Gruppe von Wissenschaftlern, die glauben, dass wir mithilfe modernster Technologie den Tod besiegen und unsterblich werden können. Ray Kurzweil, Director of Engineering bei Google, spricht vom »Transhumanismus«, der Verschmelzung von Menschen mit Maschinen und künstlicher Intelligenz. Sein Team entwickelt winzige Chip-Roboter, die in der Blutbahn zirkulieren und dort wie eine Polizei für Ordnung sorgen sollen.

Ja, das klingt wie Science-Fiction. Aber in Silicon Valley, dem Epizentrum der Zukunftsforschung, werden Milliarden Dollar in die Erforschung des Alterungsprozesses investiert. Facebook-Gründer Mark Zuckerberg ist noch keine 40 Jahre alt, aber er steckte bereits 600 Millionen Dollar in ein eigenes Zellforschungszentrum.

Wie viele Technologie-Vordenker glaubt auch er, dass Altersgebrechen kein unabwendbares Schicksal sind, sondern lediglich ein Systemversagen des Körpers. Als wäre der Tod nur ein Fehler in der Software, die man nur neu codieren muss, um das Altern zu stoppen, zumindest aber dramatisch zu verlangsamen.

Ich hoffe auf baldige anwendbare Ergebnisse, denn meine Zeit wird knapp. Wegen einer altersbedingten Arthrose in beiden Daumengelenken bekomme ich, wie schon gesagt, Schraubverschlüsse schon nicht mehr auf. Beim Umdrehen im Bett habe ich mir neulich den Hals verrenkt. »Reg dich nicht auf«, unkt meine beste Freundin Renate, »das sind Vorboten des Alters.« Danke für die aufbauenden Worte. Ich stelle mir meinen Körper wie einen Oldtimer vor, der laufend neue Ersatzteile benötigt, und man kann nur hoffen, dass der Motor trotz seltsamer Geräusche noch einige Zeit durchhält.

Wenn man sich erst einmal in die hochkomplexen Prozesse des Alterns vertieft, wird man geradezu süchtig nach jedem Schnipsel, der womöglich bestätigt, dass wir länger leben könnten, als bislang angenommen wurde. Und ja, ich will. Ich habe ein halbes Leben lang gearbeitet, um mir ein Ferienhaus am See leisten zu können. Das rentiert sich nur, wenn ich es mindestens so lange bewohnen kann, wie ich dafür geschuftet habe.

Der australischer Biologe David Sinclair, Star unter den führenden Langlebigkeitsforschern, glaubt fest daran, dass sich unsere Lebensuhr zurückdrehen lässt. Auch wenn er feststellt: »Als Spezies leben wir heute schon viel länger als je zuvor. Im Laufe der letzten hundert Jahre haben wir uns zusätzliche Jahre verschafft, aber kein zusätzliches Leben – jedenfalls kein Leben, das sich lohnen würde.«

Ziel seiner Forschungen ist nicht nur eine Verlängerung des Lebens, sondern ein Altern bei bester Gesundheit und ohne Gebrechlichkeit. Was einem uralten Menschheitstraum sehr nahekäme. Dazu ein Zitat meines Lieblingsphilosophen Charlie Chaplin, der mit 73 Jahren das letzte seiner elf Kinder zeugte und bei klarem Verstand 88 Jahre alt wurde: »Die Jugend wäre so viel schöner, wenn sie erst später im Leben käme.«

Tatsächlich ist David Sinclair einer der größten Durchbrüche in der Altersforschung gelungen: Alte Labormäuse, die er mit bestimmten Substanzen fütterte – unter anderem mit Nicotinamid Mononukleotid (NMN) –, erlebten einen verblüffenden Verjüngungsprozess. Sie wurden aktiver, lebten länger. Inzwischen gilt NMN als einer der wichtigsten Anti-Aging-Wirkstoffe für den Energiestoffwechsel. Auch das verschreibungspflichtige Diabetes-Medikament Metformin soll das Altern verlangsamen. Studien zeigten, dass zuckerkranke Patienten, die damit behandelt wurden, seltener an alterstypischen Krankheiten, wie zum Beispiel Krebs, erkrankten. Es läuft gerade eine große klinische Studie (Target Aging with Metformin), bei der herausgefunden werden soll, ob diese Substanzen auch bei Menschen ohne Diabetes den Alterungsprozess verlangsamen.

Im Kern geht es bei der Altersforschung um unsere Zellen, die im Laufe des Lebens nicht mehr fehlerfrei funktionieren. David Sinclair glaubt: »Wir stehen an einem historischen Wendepunkt der Menschheit. Wie einst Penicillin und Impfung unser Leben verändert haben, werden dies in Kürze Gentechnik und Stammzellenforschung tun.« In naher Zukunft hält er eine routinemäßige Impfung gegen Alterungsprozesse bei Menschen für möglich.

Was unternimmt ein Wissenschaftler wie er, der das Altern aufhalten will, selbst, um jung zu bleiben? Er ist jetzt Anfang 50 und möchte unbedingt das 22. Jahrhundert noch erleben. Dazu müsste er 132 Jahre alt werden, und wenn er das schafft, sagt er, hätte er »bestimmt noch Lust, länger zu bleiben«.

In seinem Buch mit dem vielversprechenden Titel »Das Ende des Alterns« beschreibt er sein ausgeklügeltes und ziemlich anstrengendes Anti-Aging-Programm:

- jeden Morgen ein Gramm NMN, ein Gramm Resveratrol (in Joghurt) und ein Gramm Metformin
- täglich eine Dosis Vitamin D, Vitamin K, abends 83 Milligramm Aspirin
- ab dem 40. Lebensjahr Verzicht auf Dessert, Vermeidung von Zucker, Brot und Nudeln
- jeden Tag der Versuch, eine Mahlzeit auszulassen oder sie zumindest klein zu halten

- regelmäßige Blutkontrolle auf Dutzende Biomarker; wenn die Werte nicht optimal sind, Essen oder sportliche Betätigung anpassen
- statt Aufzug fahren Treppen hochsteigen
- am Wochenende Fitnessstudio und Gewichtheben
- Sauna und möglichst kühles Schlafzimmer, da Hitze und Kälte den Stoffwechsel ankurbeln
- vorwiegend vegetarische Ernährung, kleine Ausrutscher im Sinne von Fleischessen nur nach einem intensiven Training
- nicht rauchen, Essen aus der Mikrowelle sowie Röntgenbestrahlung, CT-Aufnahmen, UV-Strahlen vermeiden
- Körpergewicht und Body-Index im optimalen Bereich halten

Das klingt ziemlich anstrengend, aber es wirkt. Der beste Beweis ist der Vater von David Sinclair, der über 80 ist und sich ebenfalls an dieses Programm hält. Der Senior, fit wie ein Turnschuh, reist durch die Welt und strebt gerade eine zweite Karriere an der Uni von Sydney an. Selbst die Hunde von David Sinclair sind in das lebensverlängernde Programm miteinbezogen. Pudelmischung Charlie und die zwei Labradore City und Melaleuca werden mit NMN gefüttert und sprühen angeblich vor Lebensfreude. Vielleicht könnte ich auch ein bisschen von diesem Wundermittel NMN ins Futter meines Hundes Emil mischen, damit der Faulpelz runter vom Sofa und in den Garten springt.

Ob sich der ganze Aufwand lohnt? Schauspieler Robert Atzorn, 76, beendete vor einiger Zeit seine äußerst erfolgreiche TV-Karriere und erklärte in einem Stern-Interview: »Ich möchte nie wieder vor der Kamera stehen. Gerade erlebe ich die schönste Zeit meines Lebens, verspüre keinen Druck mehr und lebe unbelastet.«

So geht es mir auch, und so soll es bleiben. Der älteste uns bekannte Mensch soll die Französin Jeanne Calment gewesen sein, die 1875 geboren wurde und mit sagenhaften 122 Jahren am 18. Oktober 1997 starb. Ihr hohes Alter führte sie unter anderem darauf zurück, dass sie mit 119 Jahren das Rauchen aufgab.

Das ist doch eine Zielvorgabe für mich, die ich noch so neugierig auf die Zukunft bin! Vielleicht stelle ich mich als Versuchskaninchen dem britischen Gerontologen Aubrey de Grey zur Verfügung. Er gilt zwar als *enfant terrible* in der Szene der Altersforscher, aber er hofft, mit Injektionen von Stammzellen und Gentherapien den Körper zu verjüngen. In einem Interview mit dem österreichischen Nachrichtenmagazin Profil verkündete er, dass wahrscheinlich schon heute ein Mensch lebt, der 1000 Jahre alt werden kann. Audrey de Grey will Stammzellen auch ins Hirn injizieren, um den Müll aus Zellen zu entfernen. Eine gute Idee! Nach 500 Jahren Leben gibt es wahrscheinlich die eine oder andere Erfahrung, die man gern ausmisten möchte. Falls Sie übrigens grundsätzlich daran zweifeln, dass sich unsere

Lebenszeit beliebig verlängern lässt: In der Natur ist das ganz normal. Der Felsenbarsch, der zur Familie der Stachelköpfe gehört, schwimmt mindestens 200 Jahre ohne sichtbare Alterserscheinungen im Nordatlantik. Und vor einiger Zeit geriet ein Grönlandhai in ein Fischernetz. Forscher stellten fest, dass er mindestens 500 Jahre alt sein musste und möglicherweise zur Welt kam, als Luther 1517 seine Thesen an die Schlosskirche zu Wittenberg nagelte. Was haben Fische, was wir Menschen nicht haben? Zum Beispiel Fragen, die ich an die Langlebigkeitsforscher hätte. Wenn wir 1000 Jahre länger leben, wie lange bin ich dann eine Frau im besten Alter? Müsste ich mir dann weitere 1000 Jahre die Haare färben und alle drei Wochen zur Maniküre gehen? Oder ist mir irgendwann egal, wie ich aussehe?

Beim Fußball gibt es die Möglichkeit der Verlängerung der offiziellen Spielzeit. Die will ich auch haben. Oder ich stehle mir die Zeit, wie der Brandner Kaspar, eine populäre literarische Figur aus Oberbayern, der sich mit dem Tod anlegt. Als ihn der »Boandlkramer« dennoch abholen will, hat der rüstige 74-Jährige noch keine Lust zu gehen. Mit Kartentricks und Schnaps ergaunert er sich ein paar Jahre mehr. Allerdings stellt der Brandner Kaspar später fest, dass es im Himmel so viel schöner sein kann als auf Erden. Da denke ich anders: Ich liebe den Himmel auf Erden.

KAPITEL 30

Fit wie Mick Jagger

In meinem Leben als Journalistin lief mir auch einmal Mick Jagger über den Weg. Geredet haben wir nicht miteinander, denn er war, typisch Rockstar, von einem Pulk schöner Mädchen, Managern und allen möglichen Wichtigtuern umringt. Aber ich konnte ihn aus der Nähe betrachten. Mit seinen vielen Falten im Gesicht sah er, sorry, ich kann es nicht anders ausdrücken, wie eine Ruine aus. Unwillkürlich musste ich an eine abenteuerliche, verkrustete Gebirgslandschaft denken, an die Karpaten. Eindeutig ein älterer Herr, Vater von acht Kindern, Großvater, auch schon Urgroßvater. Doch auf der Bühne verwandelt er sich immer noch in einen Springteufel, schreit, rennt, tanzt, balzt, und mit jedem Hemd, dass er sich während seines Auftritts vom Leib reißt, fallen gleichzeitig die Jahre von ihm ab. Bis er halb nackt sein Mikrofon schwingt und man glaubt, den 19-jährigen mageren Rocker zu sehen, der 1962 seinen ersten Auftritt mit den Rolling Stones im Marquee Club in London hatte. Andere Männer in seinem Alter sitzen auf der Parkbank oder schieben sich mit dem Rollator zum Teich, um Enten zu füttern. Aber der Berufsjugendliche Mick Jagger bleibt auch mit künstlicher Herzklappe der lebende Beweis, dass Alter nur ein abstrakter Begriff ist.

»Beweglichkeit« lautet eins der Geheimnisse, wenn man mindestens zehn Jahre jünger aussehen möchte. Wir ahnen ja nicht, wie viel unser Körper über uns verrät! Das fängt schon damit an, wie wir laufen. Aufrecht, mit geraden Schultern und lockerem Gang? Oder langsam, schleppend, nach vorn gebeugt, als ächzten wir unter einer großen Last auf unserem Rücken? Und wie treten wir in einer Gesellschaft auf? Stehen wir selbstbewusst mitten im Raum, oder drücken wir uns in eine Ecke, als ob es uns peinlich wäre, überhaupt noch anwesend zu sein? Unsere Körperhaltung ist der erste Eindruck, den andere Menschen von uns haben, sie ist so individuell wie der Daumenabdruck.

Worauf es ankommt, wenn wir Lebenslust und Jugendlichkeit ausstrahlen wollen, beschreibt Marianne Koch in ihrem Buch »Körperintelligenz«. Die Internistin, in der Nachkriegszeit eine berühmte deutsche Schauspielerin, arbeitet mit 89 Jahren noch immer als Medizinexpertin im Radio und strahlt selbst eine unfassbare Attraktivität und Jugendlichkeit aus. »Beweglichkeit entsteht durch Koordination«, erklärt sie, »also durch das perfekte Zusammenwirken von Knochen, Gelenken, gut durchbluteten und trainierten Muskeln und den Nerven, die Befehle aus dem Gehirn blitzschnell an die Muskeln übertragen.« Diese Koordination müsse man aber üben wie ein Pianist das Klavierspielen, der, wenn er einige Wochen lang keinen Ton anschlägt, die Fähigkeit verliere, schwierige Passagen zu spielen. Wer als Couch-Potato jahrzehntelang auf der faulen Haut liege, brauche sich nicht zu wundern, wenn er nicht mehr wie früher springen, klettern und rennen könne. Wenn die Schultern einrosten und die Hüftgelenke keine weit ausgreifenden Schritte mehr zulassen und die Wirbelsäule an Biegsamkeit verliert. Marianne Koch empfiehlt ein gemäßigtes, aber regelmäßiges Trainingsprogramm, um in Form zu kommen.

Intelligent zu altern bedeutet für sie, mit Körper, Geist und Seele so klug umzugehen, dass wir Energie und Lebensqualität auch noch im hohen Alter besitzen. Das Gehirn, schreibt sie in ihrem Buch, brauche wie der Körper ein Trainingsprogramm, um leistungsfähig zu bleiben: »Gut sind ungewohnte Situationen und Aufgaben, für deren Lösung es sich neue Pfade durch das Dickicht der Milliarden von Nervenverbindungen bahnen muss.« Unser Gehirn ist so konzipiert, dass es lieber eine bequeme Lösung sucht und uns vor schwierigen Situationen bewahren möchte. Ein archaisches Überlebensprinzip aus der Urzeit der Menschen.

Was Haltung und Körpersprache ausmachen können, habe ich erlebt, als ich mit einer Delegation Sophia Loren für eine BAMBI-Verleihung vom Flughafen abholte. Ich erkannte die kleine, ältere Dame zunächst gar nicht. Sie war damals Ende 70, unglamourös gekleidet, mit flachen Schuhen, unauffälliger Frisur. Fast hatte ich Mitleid mit ihr. Aber dann abends auf der Bühne schien sie um zehn Zentimeter gewachsen, stolze Haltung, perfekt geschminkt, die Haare üppig, ein enges Kleid, was ihren Busen betonte, eine Filmgöttin, vor der Tom Hanks, der von ihr den Preis bekam, stammelnd in die Knie sank. Wie sie ging, mit leichtem Hüftschwung, elegant und sexy zugleich! Ihre Körpersprache war die einer jungen Frau – und nicht einer Großmutter mit vier Enkeln.

Alter ist eine Frage der Haltung. Nicht nur äußerlich, sondern auch innerlich. Ich muss an eine Freundin denken, derselbe Jahrgang wie Sophia Loren, jetzt Mitte 80, die ungelogen glatt für 60 durchgeht. Allerdings tut sie auch einiges für ihr Aussehen. Perfektes Make-up, noch nie habe ich sie ohne roten Lippenstift und Wimperntusche gesehen. Sie ist sehr diszipliniert, steht morgens um sechs Uhr auf, geht mit dem Hund laufen, anschließend nimmt sie vor dem Computer an einem virtuellen Yoga-Kurs teil. Vormittags spielt sie Golf, nachmittags trifft sie sich mit Freundinnen, mit denen sie regelmäßig in einem Turnverein trainiert. Sie ist eine beliebte Gastgeberin und geschätzter Gast. Habe ich erwähnt, dass sie im späten Alter anfing, Romane zu schreiben, und gerade an ihrem siebten oder achten Buch sitzt? Eigentlich müsste man sie für ihre Perfektion hassen, neben der man sich ganz klein und unvollkommen fühlt. Sie gehört zu einer Generation von Frauen, die gelernt haben, dass man gegen alles etwas tun kann. Gegen kalte Füße genauso wie gegen Schicksalsschläge. Wer Krieg oder Nachkriegszeit überlebt hat, übersteht auch andere Schwierigkeiten, die einem das Leben vor die Füße wirft. Aktiv bleiben, positiv denken, das Beste aus allem und vor allem *aus sich* machen. Sie hat immer gearbeitet, Niederlagen weggesteckt, und Burn-out bleibt für sie ein Fremdwort. Als Person ist sie ein Ereignis, ich liebe es, wenn sie zur Tür hereinkommt, einen Moment lang stehen bleibt, damit die anderen sie wahrnehmen. Hallo, schaut mich an! Hier bin ich. Sie betrachtet das Leben als Schauspiel, in dem sie die Hauptrolle spielen will. Alle möchten neben ihr sitzen, weil Intelligenz, Fantasie, Eigensinn, Unabhängigkeit auch im Alter attraktiv wirken.

Ich wäre auch gern so gut in Form. Von Natur aus bin ich eher der bequeme Typ. Lieber Gehirnjogging als richtiges Joggen. Okay, dieser Spruch musste sein. Aber schon beim Völkerball in der Schule gehörte ich immer zu den Letzten, die in ein Team gewählt wurden. Mein Tennislehrer empfahl mir einen anderen Sport, weil ich jedes Mal die Augen zumachte, wenn der Ball mir entgegenflog. Doch seit 20 Jahren trainiere ich zweimal wöchentlich mit einer Yoga-Lehrerin, die mein Gleichgewichtsgefühl so gestärkt hat, dass ich auf einem Stand-up-Board balancieren kann. Sie sollten mich mal sehen, wie ich mit 72 Jahren auf dem Board lässig den Herabschauenden Hund mache. Und wenn Sie wollen, führe ich aus dem Stand vor, wie ich mit meinen Fingerspitzen meine Zehen umfassen kann.

Wenn das nur immer so einfach wäre beziehungsweise bliebe! Leider baut der Körper im Laufe der Jahre ständig ab. Es ist deprimierend, aber ab dem 20. Lebensjahr verlieren wir ständig an Muskulatur, bis wir um den 80. Geburtstag herum nur noch die Hälfe unserer ursprünglichen Kraft besitzen. Ich merke das, weil mir das Entkorken von Weinflaschen schwererfällt und ich mich trotzdem weigere, Weinflaschen mit Drehverschluss zu kaufen. Es zwickt und schmerzt beim Älterwerden, die Gelenke werden steif, morgens nach dem Aufstehen brauche ich eine halbe Stunde, um einigermaßen gerade zu gehen.

Die Weltgesundheitsorganisation (WHO) empfiehlt älteren Menschen dringend Bewegung, denn nur wenn der Körper durch aktives Training gefordert und gefördert wird, kann Abbauerscheinungen effektiv entgegengewirkt werden. Außerdem wirken Sport und Bewegung vorbeugend gegen Demenz. Also laufen wir lieber los. Aber wie weit? Allgemein gilt die 10000-Schritte-Regel, die ich auf meinem Handy überprüfen kann. Das ist weiter, als man denkt. Im Fachblatt Jana Internal Medicine habe ich eine Studie gefunden, in der die tägliche Schrittzahl mit dem Sterberisiko verglichen wird. Ich kann aufatmen. Es reichen angeblich 7500 Schritte, alles darüber hinaus soll keinen Unterschied in Bezug auf die Lebenserwartung machen. Wo ist die nächste Parkbank?

Was mich aber wieder hochreißt: eine andere Studie, in der steht, dass die Geh*geschwindigkeit* eines Menschen genauso aussagekräftig über seine Lebensdauer ist wie die Zahl seiner chronischen Erkrankungen oder Krankenhausaufenthalte. Danach sterben 75-Jährige, die langsam gehen, im Durchschnitt sechs Jahre früher als solche, die etwas schneller unterwegs sind.

Falls Sie zu den Menschen gehören, die gern gemütlich flanieren, sollten Sie sich jetzt nicht angesprochen fühlen und den nächsten Satz überspringen. Die Gehgeschwindigkeit soll nämlich nicht nur ein wichtiger Indikator für das biologische Alter sein, sondern auch dafür, wie es um unsere Intelligenz bestellt ist. In einer Langzeitstudie mit 900 Einwohnern der neuseeländischen Stadt Dunedin mussten die Teilnehmerinnen und Teilnehmer, die alle im selben Jahr geboren sind, erst aufs Laufband und dann Denkaufgaben lösen. Dabei wurden ihr IQ erfasst, Hirnscans erstellt, biologische Daten gesammelt, von Blutwerten bis zum Zahnzustand. Das Ergebnis: Schnelle und langsame Läufer unterscheiden sich nicht nur in ihrer Fitness, sondern auch in ihrer Denkfähigkeit. Die langsamste Versuchsperson lag 16 IQ-Punkte unter der schnellsten! Die Molekular-Biomedizinerin Line Lee Hartmann Rasmussen, die diese Studie durchführte, glaubt, dass man mithilfe individuell vorgegebener Gehgeschwindigkeit mögliche altersbedingte Schäden vorbeugen könnte. Denn selbst wenn wir erst mit 50 Jahren anfangen Sport zu treiben, können wir immer noch die Fitness unserer Zellen verbessern. Verstanden, ich erhöhe ab sofort mein Tempo. ICH DARF NICHT LANGSAM GEHEN!

Marianne Koch schreibt in ihrem Buch: »Wenn ich eine Eigenschaft nennen sollte, die mir für die Kunst des erfolgreichen Alterns als die wichtigste erscheint, dann würde ich mich wahrscheinlich für ›mutig sein‹ entscheiden. Mut, um das letzte Drittel des Lebens als eine positive Herausforderung zu betrachten.«

Laufen wir also mutig los. Der Demenz davon. Und wie meine Großmutter immer mahnte: »Geh gerade. Bauch rein, Schultern rückwärts, Kinn hoch.«

KAPITEL 31

Das ABC für einen guten Ruhestand

»Wie geht es dir?«, werde ich von einem Ex-Kollegen gefragt, dem ich zufällig auf der Straße begegne. Er hat es eilig, muss zum nächsten Termin.

»Prima, wirklich gut«, versichere ich, merke aber schon, wie er mich ungläubig mustert. Im Gegensatz zu mir arbeitet er noch, wahrscheinlich erscheint ihm der Ruhestand wie der Vorhof zur Hölle. Für immer zum Nichtstun verdammt! »Schön für dich«, murmelt er, schon ist er weg. Ich erlebe das öfter, wenn ich Kollegen von früher treffe, die noch berufstätig sind. Die Unterhaltungen bleiben kurz, als hätten sie Angst, dass der Ruhestand ansteckend wie Grippe sein könnte. Wer noch im Karriere-Modus steckt, beschäftigt sich oft ungern mit diesem Thema! Viele Menschen haben nur eine vage Vorstellung, wie das Leben im Rentenalter weiterläuft. Ja, natürlich ist es schön, Zeit zu haben, für sich, für Familie und Freunde. Aber kann das den Rest des Lebens ausfüllen? Und wer ist man noch, wenn man mit dem letzten Arbeitstag alles verliert, was bis dato so wichtig erschien? Die hart erkämpfte Position, das Einkommen, das ganze berufliche Netzwerk, das Gefühl, etwas bewegen zu können – alles futsch. Selbst die Visitenkarte kann in den Reißwolf.

Es wird besser. Glauben Sie mir! Alles, worum wir ein Leben lang kämpfen mussten, fällt von uns ab. Wir reisen mit leichterem Gepäck weiter. Wir sind raus aus dem täglichen Wettbewerb, bei dem es um die Anerkennung und Verteidigung unserer Rechte und unserer Meinung geht. Wir müssen uns niemandem mehr anpassen, sind nicht mehr für alles zuständig, können laut sagen, was uns durch den Kopf geht, weil uns niemand mehr wirklich schaden kann. Sie werden sich mit einer Person anfreunden, die Sie bisher nicht gut kannten: Im Alter erleben wir uns selbst. Was nicht bedeutet, dass wir uns mit etwas abfinden müssen. Im Gegenteil, die ganze Kraft und Energie, die wir in unsere Karriere, in die Familie, in die Schaffung von einem gesicherten Leben investiert haben, ist jetzt frei. Für uns, für die Verwirklichung von Träumen, die wir so lange beiseiteschieben mussten. Das Alter kann eine wunderbare Zeit für Experimente werden, wie, wo und mit wem wir leben wollen. Das Ende der Berufstätigkeit ist der Beginn einer großen Reise in eine neue Welt. Damit Sie ohne Probleme loslegen können, hier mein persönliches ABC für den Start in einen geglückten Ruhestand.

A wie Abenteuer

Sind Sie bereit für das Abenteuer Ihres Lebens? Für die letzte große Chance, noch einmal alles umzuwerfen und sich neu aufzustellen? Der Ruhestand ist eine Reise in ein unbekanntes Land, und das beginnt im Kopf. Werfen Sie alten Ballast ab. Befreien Sie sich von eingefahrenen Gewohnheiten und Vorurteilen. Kennen Sie den Satz, der wirklich alt macht? »Das haben wir noch nie so gemacht.« Prima, dann machen wir es jetzt. Das Alter ist nicht das Ende, sondern ein Anfang. Motto: Wir Ruheständler sind zu jung, um alt zu sein!

B wie Bewegen

Von Natur aus bin ich ein Faulpelz. Sport ist Mord. Angeblich ein Zitat von Winston Churchill, der in seinen späten Jahren die Regierungsgeschäfte meistens vom Bett aus erledigte. Was für eine angenehme Vorstellung. Dagegen steht: Wer sich bewegt, lebt länger. Mindestens vier Stunden sportliche Bewegung sollten es pro Woche sein. Regelmäßiger Sport steigert die Vitalität, die Hirndurchblutung, die Widerstandskraft gegen Krankheiten. Es hilft nichts: Aufstehen und aktiv werden. Mit einer Freundin teile ich mir zweimal in der Woche eine Trainerin, die uns zum Schwitzen bringt. Reden Sie sich nicht ein, dass Sie zu alt für körperliche Anstrengungen sind. Motorische Fähigkeiten lassen sich selbst noch im hohen Alter trainieren. Wenn Ihnen Gymnastik, Schwimmen, Laufen oder Turnen zu langweilig sind: Let's

Dance! Versuchen Sie es wie ich mit einem Tanzkurs. Walzer, Foxtrott und Cha-Cha-Cha sind auch Hochleistungssport. Aber man liegt angenehmerweise in den Armen eines Partners.

C wie Computer

Wie gut sind Sie mit dem Internet vertraut? Ich frage das, weil ich manchmal meinen Computer an die Wand klatschen möchte. Er kommt mir wie ein böser Kobold vor, der genau das Gegenteil von dem tut, was ich ihm aufgetragen habe. Wenn ich meinen 14-jährigen Patensohn um Hilfe bitte, fliegen seine Finger über die Tasten, dass mir schwindlig wird. »Ist doch ganz einfach«, murmelt er, »du musst das so und so machen.« Bei allen technischen Fähigkeiten fehlen ihm leider didaktische Kenntnisse. Als sogenannter »digitaler Eingeborener« ist er mit den neuen Medien praktisch von Geburt an vertraut. Menschen meiner Generation nennt man »digitale Einwanderer«. Wir sind die Zugereisten in einem fremden Land. Deswegen verstehe ich auch meinen Computer nicht immer. Aber er ist der wichtigste Verbündete im Ruhestand. Besser als Hauspersonal. Er sorgt dafür, dass mir alles nach Hause geliefert wird, von frischen Lebensmitteln bis Bücher, Mode, Haushaltsgeräte und was ich sonst noch für den Alltag brauche. Er leitet meine Nachrichten weiter, verbindet mich mit Freunden in der ganzen Welt, erledigt Überweisungen. Nur manchmal ist er bockig, was dazu führte, dass ich einen auf meine Generation zugeschnittenen

Computer-Kurs belegte. Eines kann er nämlich noch nicht: Betrüger im Netz erkennen, die es auf uns Oldies abgesehen haben. Aber das bringe ich meinem Freund, dem Computer, schon noch bei.

D wie Disziplin

In den Tag hineinleben! Das war mein Traum vom Leben »danach«. Hatte ich nicht genug Disziplin aufgebracht, um im Job Jahrzehnte erfolgreich zu sein? Mich jahrelang zur Ordnung und Pünktlichkeit gezwungen? Die ersten Monate habe ich meine neue Freiheit genossen, stand spät auf, verschob das Öffnen von Briefen, sah so viele Serien, dass meine Augen viereckig wurden. Leider verpasste ich deswegen wichtige Termine, Geburtstage meiner Freunde, auch schöne Einladungen. Kennen Sie Oblomow, eine russische Romanfigur? Zu lethargisch, um aufzustehen, verliert er Vermögen und Ansehen. Ich gehöre offenbar auch zu denen, die ein bisschen Druck benötigen, um nicht vollends in Lethargie zu versinken. Es gibt einige Regeln, die jetzt meinen Tag angenehm strukturieren. Früh aufstehen. Aber diesmal aus eigenem Antrieb. Täglich 10 000 Schritte und nicht einen weniger. Da funktioniere ich schon wie auf Autopilot. Zwei Tageszeitungen ausführlich lesen, um informiert zu bleiben. Und immer die Post öffnen. Mehr Energie durch innere Disziplin. Funktioniert!

E wie Ernährung

Mittags schnell etwas essen. In der Kantine, in einem Imbiss oder auch am Schreibtisch. So sah meine Ernährung jahrelang aus. Hauptsache satt, auch wenn vieles auf den Hüften landete. So geht es den meisten Berufstätigen. Wir wissen, wie wichtig eine gesunde Ernährung ist, aber die Nahrungsmittelindustrie hat viele Tricks auf Lager, um uns mit Fast Food, Fertigprodukten und minderwertigen, chemiebeladenen Lebensmitteln in Versuchung zu bringen. Das Grundproblem: Wir essen zu viel, zu fett, zu süß. Das macht uns dick und krank. Der Ruhestand ist die Gelegenheit, sich endlich vernünftig zu ernähren. Ich habe mir das auch vorgenommen, muss aber gleich gestehen, wie schwer es mir fällt. Die gesunde Küche ist eine Wissenschaft für sich, glücklicherweise gibt es viel Material zu dem Thema. Sie glauben nicht, wie befriedigend es sein kann, wenn man tatsächlich Zeit hat, auf den Markt zu gehen, um frisches Gemüse und Obst zu kaufen! Oder wenn man sich das Kleingedruckte auf Dosen und Verpackungen genau anschaut und entdeckt, wie viel Zucker praktisch fast jedes Produkt enthält. Wussten Sie, dass Zucker das Gewebe verklebt und für Falten sorgt? Mein neues Hobby: gesund essen. Hier eine kleine Liste mit Lebensmitteln, die mir helfen, gesund und fit zu bleiben. Und die auch noch gut schmecken!

Avocados machen gesund und schön! Ballaststoffe und komplexe Kohlehydrate liefern Energie, Antioxidantien wirken wie Schönheits-Booster, und ungesättigte Fettsäuren senken den Cholesterinspiegel und helfen beim Abnehmen.

Beeren sind immer eine gute Wahl für den Nachtisch. Sie enthalten viele Vitamine, sie pushen das Immunsystem, beugen Krebs vor. Erdbeeren enthalten mehr Vitamin C als Zitronen. In Brombeeren stecken viel Kalium, Kalzium und Magnesium, was gut für Knochen und Muskeln ist. Johannisbeeren lindern Neurodermitis, Blaubeeren wirken entzündungshemmend und stärken die Augen.

Brokkoli steckt voller Vitamine und Mineralstoffe wie zum Beispiel Magnesium, das für ein optimales Funktionieren sämtlicher Vorgänge im Körper unerlässlich ist. Doktor Brokkoli steigert unsere Vitalität, hilft bei der Entwässerung, stärkt das Immunsystem durch den hohen Vitamin-C-Gehalt und soll auch unsere grauen Zellen aktivieren.

Grünes Blattgemüse kommt viel zu selten auf den Tisch. Dabei enthält es mehr Eisen als Fleisch und noch viele andere wichtige Inhaltsstoffe, wie zum Beispiel Kalzium. Sie werden überrascht sein, wofür Kopfsalat & Co. zuständig sind: Verbesserung der Immunfunktion und des Blutkreislaufes, Tumorprävention, Aufbau der Darmflora, Linderung von Entzündungen, um nur einiges zu nennen.

Nüsse könnte ich dauernd knabbern. Sie sind zwar fett- und kalorienreich, enthalten aber sogenannte gute, einfache oder mehrfach ungesättigte Fettsäuren. Durch die vielen Nährstoffe und Vitamine sind Nüsse auch Nervennahrung, die unsere grauen Zellen aktivieren. Geröstete Nüsse sind zu meinem Leidwesen nicht so gesund wie die frischen, weil beim Erhitzen Fettsäure und Vitamine verloren gehen. Zu gesalzen sollen sie auch nicht sein, weil das schlecht ist für den Blutdruck.

Olivenöl darf in keiner Küche fehlen. Es gilt schon seit Jahrhunderten als Wundermittel gegen den Alterungsprozess. Es schützt die Zellen vor Krankheit und vorzeitiger Alterung, versorgt uns mit wichtigen Fettsäuren und wirkt extrem gesundheitsfördernd. Zwei Esslöffel Olivenöl pro Tag sollen das Risiko für Herzerkrankungen senken. Sie können Olivenöl auch für eine Massage benützen, gegen Rheuma, Arthritis oder Zerrungen. Und – kaum zu glauben, aber von Wissenschaftlern bestätigt: Olivenöl hilft angeblich beim Abnehmen.

Grüner und weißer Tee helfen durch ihre Antioxidantien, das Krebsrisiko zu reduzieren. Beide Sorten beeinflussen den Cholesterin- und Fettstoffwechsel günstig. Jetzt kommt aber das Beste: Die Antioxidantien sind etwa hundertfach stärker als Vitamin C und somit ein Wundermittel für die Haut gegen den Alterungsprozess. Und weil grüner Tee auch noch die

Fettverbrennung verbessert, hilft er beim Abnehmen. Mit vier Tassen pro Tag verbrennen Sie 70 Kalorien.

Tomaten sind ein Geheimrezept für unsere Haut. Sie enthalten viel Lycopin und Vitamin C, das man beim Essen von Tomaten aufnimmt, dadurch wirkt die Haut jünger und praller. Aber Tomaten können noch viel mehr. Weil sie zu 95 Prozent aus Wasser bestehen, halten sie uns schlank. Sie liefern Kalium und Folsäure, schützen die Zellmembran und sollen gut gegen Herzerkrankungen und Krebs wirken. Mein Tipp: Tomaten mit Mozzarella, die perfekte Vorspeise im Restaurant.

Weintrauben funktionieren durch Inhaltsstoffe wie Resveratrol und OPC als Anti-Aging-Mittel. Sie wirken sich positiv auf die Durchblutung aus und beugen so Herz- und Kreislauferkrankungen vor. Noch besser als helle Weintrauben sind die dunklen, wobei die wichtigsten Inhaltsstoffe in der Schale und in der Haut stecken. Sie verlangsamen den Alterungsprozess, schützen Haut und Immunsystem.

F wie Freunde

Freundschaften sollte man pflegen. Klar, aber manchmal sind wir jahrelang beruflich und familiär so eingespannt, dass wir Kontakte vernachlässigt haben. Und so kann es passieren, dass Sie nach Beendigung des Arbeitslebens allein zu Hause sitzen, wie bestellt und nicht abgeholt. Einsamkeit ist der ärgste Feind im Ruhestand. In England gibt es deswegen das »Ministry of Loneliness«, ein Ministerium, das die Einsamkeit der Senioren bekämpfen soll. Wer isoliert lebt, verkümmert wie eine Blume ohne Wasser und Licht. Es ist eine medizinische Tatsache: Wer Freunde hat, lebt länger und gesünder. Gerade als Neu-Ruheständler brauchen wir einen gut funktionierenden Freundeskreis. Die alten Freunde melden sich nicht, weil viel Zeit seit dem letzten Kontakt vergangen ist? Bloß kein falscher Stolz. Jetzt sollten Sie den ersten Schritt wagen, auch auf die Gefahr hin, dass Sie eine Abfuhr kassieren. Es ist ganz einfach: Wer kein Signal sendet, bekommt auch keine Antwort.

Und es ist nie zu spät, sich einen neuen Freundeskreis aufzubauen. Dazu einige Anregungen: Es gibt Nachbarschafts-Treffs, Literaturzirkel, Vernissagen, Vorlesungen für Seniorinnen und Senioren in Unis, Diskussionsabende, jede Art von Vereinen, ob Sie Tennis oder Schach spielen wollen. Sie können sich ehrenamtlich oder politisch betätigen, Hauptsache, Sie kommen unter Menschen! Und noch ein heißer Tipp: Warten Sie nicht, bis Sie sich einsam und vergessen fühlen. Werden Sie aktiv, am besten heute noch.

G wie Geduld

Meine Geduld wird tagtäglich auf die Probe gestellt. Der Handwerker versetzt mich, beim Ordnungsamt muss ich stundenlang warten, am Telefon schildert uns ein Bekannter ausschweifend sein Problem, und ich kann ihn nicht stoppen. Es ist zum Aus-der-Haut-Fahren. Ich werde ungeduldig, rege mich auf, Herz und Kreislauf reagieren hektisch. Ganz schlecht für die Gesundheit. Dabei wollen wir es doch gerade im Ruhestand ruhiger angehen.

Wenn der Stress zu groß wird, stelle ich mir einfach vor, ich wäre auf der Raumstation ISS. Der Blick durch das All auf die Erde beruhigt mich sofort. Probleme schrumpfen auf Mini-Format. Der Handwerker kommt nicht? Na und, was bedeutet das schon angesichts der Ewigkeit und dem Klimawandel? Mein Mantra: Bevor ich mich aufrege, ist es mir lieber egal!

H wie Hunde

Ich bin mit Hunden aufgewachsen und habe noch nie ohne Hund gelebt. Wenn Sie mich fragen, ob Sie sich jetzt, im Ruhestand, einen Hund zulegen sollen, werde ich das heftig bejahen. Es gibt keinen besseren Zeitpunkt! Denn Sie haben nun Zeit. Und nichts erscheint mir für die Gesundheit besser als ein Hund. Sie werden mehrmals täglich mit ihm Gassi gehen, sind also viel an der frischen Luft. Ein Hund ist zudem die beste Kontaktbörse. Sie lernen andere Hundebesitzer kennen und kommen wegen ihres Hundes mit vielen Menschen ins Gespräch. Mit einem Hund sind Sie nie allein. Ihm ist es egal, wie Sie aussehen oder wie hoch Ihr Kontostand ist. Mit einem Hund sind Sie immer beschäftigt. Er belohnt

Sie mit gleichbleibender Treue, liebt Sie vorbehaltlos, ohne Wenn und Aber. Wuff!

I wie Information

Bleiben Sie unbedingt auf dem Laufenden. Die Anteilnahme am gesellschaftlichen, sozialen und politischen Leben erleichtert Ihnen den Übergang in den Ruhestand. Und Sie haben jetzt ja Zeit, sich umfassend zu informieren. Informationen sind wichtig, wenn wir die Ereignisse um uns herum und in der Welt verstehen und richtig einschätzen möchten. Wenn Sie ein kritischer und aufgeklärter Mensch bleiben wollen, steht Ihnen eine ungeheure Flut von Informationsmöglichkeiten zur Verfügung. Zeitungen, Radios, Fernsehsender, Podcasts und das Internet versorgen uns täglich mit Nachrichten, Dokumentationen und Kommentaren. Auch Ausstellungen, Bücher, Vorträge und Fachliteratur erweitern unseren geistigen Horizont. Wichtig für alle sozialen Kontakte: Wer sich für vieles interessiert, bleibt interessant.

J wie Job

Falls Sie ein typischer Workaholic sind, der sich ein Leben ohne Arbeit schwer vorstellen kann: Es wird eine harte Landung auf der Piste in den Ruhestand. Der Job war ja nicht nur schnöder Broterwerb, sondern gab Ihrem Leben Sinn und Richtung. Dann werden Ihnen die Diskussionen über eine Verlängerung der Lebensarbeitszeit gefallen. Trotzdem, wenn Sie festangestellt sind, ist irgendwann offiziell Schluss.

Bei mir hat es mehr als ein Jahr gedauert, bis ich beim Aufwachen morgens nicht automatisch an die Firma gedacht habe. Aber wer sagt eigentlich, dass man trotz Ruhestand nicht weiter arbeiten kann? Manche Firmen freuen sich ja, wenn erfahrene Kollegen weiterhin mit Rat und Tat zur Seite stehen oder als Urlaubsvertretung einspringen. Ein Freund von mir, Hotelmanager im Ruhestand, berät jetzt ein Catering-Start-up-Unternehmen. Eine pensionierte Lehrerin aus meinem Bekanntenkreis gibt Flüchtlingskindern Deutschunterricht. Wir alle haben in einem langen Arbeitsleben so viele Erfahrungen gesammelt, die wir weitergeben können!

K wie Kreativität

Sind Sie eine Spätbegabung? In jedem von uns schlummert ein kreatives Talent, das sich oft erst im Ruhestand entfalten kann. Die einen beginnen zu malen, die anderen töpfern, kochen, treten einem Chor bei, werden Laienschauspieler, beginnen Krimis zu schreiben. Keine Sorge, Sie brauchen keine künstlerischen Fähigkeiten, um sich selbst zu verwirklichen. Es gibt zum Beispiel eine neu entdeckte Lust am Selbermachen, am Gestalten mit den eigenen Händen. In meinem Freundeskreis wird gezimmert, lackiert, repariert, genäht, gestrickt, gebacken – Hauptsache, man macht es selbst. Eine Freundin hat sich ein Bienenvolk zugelegt und kam auf die Idee, Naturkosmetik selbst herzustellen, eine andere baute eigenhändig ein Hochbeet, um Rosen zu züchten. Früher verschwand nur Vati in den Hobbykeller, wo er stundenlang alte Dinge reparierte. Heute veranstalten Baumärkte spezielle Kurse für uns Frauen, wo wir dübeln, kacheln und Wände verputzen lernen. Das Selbermachen hat nur einen kleinen Haken: Ich werde von Freunden mit selbst gestrickten Schals, selbst getöpferten Vasen und selbst gemachter Marmelade nur so überschüttet. Nun, ich werde mich mit selbst gebastelten Blumen-Collagen revanchieren.

L wie Lachen

Wussten Sie, dass Kinder 400 Mal am Tag lachen? Einfach so. Ohne besonderen Anlass. Wir Erwachsenen heben dagegen höchstens 15 Mal die Mundwinkel. Und das zögerlich. Warum vergeht uns beim Älterwerden zunehmend das Lachen? So traurig ist das Leben nun auch nicht! Aber im Alter scheinen wir uns oft ungewollt einen pessimistischen Gesichtsausdruck anzugewöhnen. Die Lippen aufeinandergepresst, damit nur ja kein Lächeln entflieht. Dabei nimmt Humor zum Beispiel bei der Partnersuche eine Spitzenposition unter den gewünschten Eigenschaften ein. In Gesellschaft von fröhlichen Menschen fühlen wir uns alle wohler. Lachen wirkt ja auch wie eine Einladung. Ich nehme mir vor, jeden Tag jemanden zum Lächeln zu bringen. Das ist gar nicht so schwer. Ein Lächeln ist wie ein Lasso, mit dem man Menschen einfängt. Erst schauen sie verwundert, dann heben sich die Mundwinkel, und spätestens danach strahlen die Gesichter. Was für ein Erfolgserlebnis!

M wie Mode

Herrlich, von nun an leben wir nur noch gemütlich und ziehen bequeme Outfits an. Ferien für immer, bis an den Rest unserer Tage. Eines darf uns jedoch nicht passieren: dass wir nur noch im Schlabberlook unterwegs sind. Die innere Haltung hat viel mit unserer äußeren Hülle zu tun. Wenn wir diese vernachlässigen, signalisieren wir Gleichgültigkeit, ja auch Resignation. Das kann uns auf Dauer seelisch runterziehen. Sich weiterhin hübsch anzuziehen ist ein Appell an sich selbst: Mit mir könnt ihr noch rechnen. Ich bin da, ich will weiterhin am Leben der anderen teilnehmen.

In meinen Augen hat ein ordentliches Outfit auch mit Respekt gegenüber meiner Umwelt zu tun.

N wie Nachbarn

»Es kann der Frömmste nicht in Frieden leben, wenn es dem bösen Nachbarn nicht gefällt.« Friedrich von Schiller hat offensichtlich schon vor über 220 Jahren Ärger am Gartenzaun gehabt. Glück gehabt, wenn man mit seinen Nachbarn gut auskommt, sich gegenseitig hilft und zum gemeinsamen Grillen trifft. Was aber tun, wenn man ein streitlustiges Exemplar neben, über oder unter sich wohnen hat? Einer, der sich über jedes Blatt aufregt, das vom Nachbargrundstück auf das seine weht. Der mit der Polizei droht, wenn man auf dem Balkon raucht oder der Hund bellt. Solche Nachbarn können einem das Leben ganz schön vermiesen. Man sollte sich trotzdem nicht in juristische Auseinandersetzungen hineinziehen lassen. Erstens wird es teuer, zweitens langwierig, drittens ändert es nichts an der Persönlichkeit des Nachbarn. Im Englischen gibt es den pragmatischen Spruch: »If you can't beat them, join them!« Bevor ich mich mit jemandem sinnlos herumstreite, überrasche ich diese Person mit Liebenswürdigkeit. Lade den nervigen Nachbarn auf meine Terrasse ein, nicke verständnisvoll, wenn er sich über meinen bellenden Hund beschwert, nehme seine Pakete entgegen, schlage vor, seine Blumen zu gießen, wenn er verreist ist. Meine Lebenserfahrung nach jahrzehntelanger Zusammenarbeit mit Nervensägen und Drama-Queens: Bieten Sie einem aufgebrachten Menschen ein Keks an. Beim Naschen von Süßigkeiten verändert sich jeder Gesichtsausdruck zum Positiven!

O wie Optimismus

Willkommen im Paradies. Mit dieser optimistischen Einstellung wird der Ruhestand zum besten Teil Ihres Lebens. Wenn Sie das etwas übertrieben finden: Glück ist eine Frage der Einstellung. Und Zuversicht und Lebensfreude lassen sich trainieren. Der Optimist glaubt an sich und daran, dass alles gut wird. Egal, wie es ausgeht. Optimismus geht Hand in Hand mit Großzügigkeit – zum Beispiel mit einem Fläschchen Piccolo im Eisschrank, falls jemand kommt, mit dem wir anstoßen möchten. Dazu ein passendes Zitat von Theodor Fontane: »Ein Optimist ist ein Mensch, der ein Dutzend Austern bestellt, in der

Hoffnung, sie mit der Perle, die er darin findet, bezahlen zu können.«

P wie Politik

Wenn Sie noch nach einer Aufgabe suchen: Ein Engagement für das Gemeinwohl kann sehr befriedigend sein. Man muss kein politisches Amt anstreben, auch keiner Partei beitreten, um politisch tätig zu werden. Politik beginnt, wo Menschen miteinander reden und Zusammenleben geregelt wird. Das fängt schon bei der Gründung eines Nachbarschaftstreffs an. Vielleicht engagieren Sie sich ja bereits für eine Hilfsorganisation, für die Jugendarbeit in einem Verein, gehören einem Tennisklub oder Lesezirkel an. Jede ehrenamtliche Tätigkeit trägt politische Züge, wenn Strukturen für das Gemeinwesen diskutiert und entschieden werden. Seit ich mehr Zeit habe, bin ich in der Kommunalpolitik tätig. Ich beschäftige mich mit Themen, die den Alltag verbessern können, und habe viele interessante Menschen kennengelernt. Gerade wir Älteren mit unserer ganzen Lebenserfahrung können viel Positives bewirken.

Q wie Querkopf

Es ist ziemlich anstrengend, ein Querkopf zu sein. Aber auch zufriedenstellend. Der Querkopf nervt seine Mitmenschen, weil er immer die entgegengesetzte Meinung vertritt. Dazu braucht es Mut und Haltung. Er macht den anderen das Leben nicht leicht, sich selbst aber auch nicht. Er hat keine Scheu, seinen

Standpunkt zu vertreten, und stürzt sich kopfüber in jede Diskussion. Manche halten ihn für einen Partyschreck, dabei belebt er jede Gesprächsrunde mit seinen Überzeugungen. In einem Zeitalter der Beliebigkeit ist es ein Kompliment, als Querkopf bezeichnet zu werden. Man ist kein Ja-Sager, sondern ein Selbstoptimierer mit eigener Meinung ... Willkommen im Klub der Freidenkerinnen und Freidenker!

R wie Reisen

Man trifft sie bei den Pyramiden von Gizeh, auf Sansibar, in türkischen Bazars, in Florida und auf Kreuzfahrtschiffen in der Karibik. Deutsche Rentnerinnen und Rentner sind unglaublich reiselustig, auch wenn während der Corona-Pandemie vieles erschwert wurde. Im Ruhestand haben wir endlich Zeit, die Welt zu entdecken. Aber dazu muss man nicht in die Ferne reisen. Von meiner Freundin Rita habe ich schon viel erzählt. Sie ist abenteuerlustig, setzt sich manchmal in die Straßenbahn und steigt in einem Viertel aus, wo sie noch nie war. Mit der Neugier einer Touristin erkundet sie die eigene Stadt, offen für Überraschungen aller Art. Sie findet kleine Lädchen mit exotischen Angeboten, entdeckt gemütliche Cafés und trifft die interessantesten Zeitgenossen. Das Abenteuer beginnt vor der Haustür. Wenn ich am Wochenende aufs Land fahre, wähle ich immer eine neue Strecke. Auch das ist ein Abenteuer.

Mir fällt dazu das Gedicht »Reiseempfehlungen« von Herbert Asmodi ein. Hier meine Lieblingszeilen:

Wozu der Aufwand?
Bleiben Sie zu Hause
und schwimmen Sie gegen den Strom.
Sie werden staunen.
Der Dschungel beginnt vor der Haustür.
Man muss nicht weit reisen, um Exotisches zu
entdecken.

S wie Schlaf

Ein Problem der späten Jahre: Die meisten aus meiner Generation klagen über Schlafstörungen. Es heißt zwar, dass man beim Älterwerden weniger Schlaf braucht, aber davon habe ich persönlich noch nichts gemerkt. Ich wälze mich hin, ich wälze mich her. Wenn es zu viel wird, stehe ich auf, so wie Schlafforscher es empfehlen. Meistens lese ich ein Buch, zu dem ich tagsüber nicht gekommen bin. So hat meine Schlaflosigkeit eine schöne Seite. Ich lese mich durch die Bestseller-Listen. Außerdem lege ich mich tagsüber hin. Als Kind habe ich den Mittagsschlaf gehasst, jetzt freue ich mich auf mein Nickerchen. Betrachten Sie Schlafstörungen als Privileg im Ruhestand: Wir können uns ausruhen, wann immer wir wollen.

T wie Telefon

Stell dir vor, du bist im Ruhestand und niemand ruft an!

Meine größte Sorge im Alter ist, dass mir die Resonanz fehlt. Also durchforste ich regelmäßig mein

Adressbuch und rufe die ganze Welt an. Auch Personen, die sich bei mir schon lange nicht gemeldet haben. Ich bin deswegen nicht gekränkt, weil es oft einen Grund für das Schweigen gibt: Krankheit, persönliche Krise, zu viel Stress.

Es ist erstaunlich, wie gesprächig Menschen werden, wenn sie nicht mehr arbeiten gehen. Vielen fehlen die Kontakte, und sie freuen sich über jedes Telefonat. Telefonieren hat etwas sehr Intimes, gleichzeitig bleibt man aber auf Distanz. Bei dieser körperlosen Verbindung lösen sich die Zungen, die Unterhaltungen werden oft sehr intensiv. Und inzwischen klingelt bei mir das Telefon genauso häufig wie früher im Büro. Was hindert Sie daran, sofort zum Telefon zu greifen? Wenn Sie das aufschieben, bleibt irgendwann die Leitung für immer stumm. Rufen Sie also an, am besten heute noch!

U wie Umzug

Wie und wo wollen Sie nach der Pensionierung leben? Viele träumen vom Ausstieg, suchen im Süden einen Alterssitz. Andere überlegen, ob sie von der Stadt aufs Land oder vom Land in die Stadt ziehen sollen. Das sollte man nur tun, wenn die meisten Freunde dort wohnen, wohin man umziehen möchte. Wenn wir älter werden, fällt es uns schwerer, woanders Wurzeln zu schlagen. Es fehlen die sozialen Kontakte mit Arbeitskolleginnen und -kollegen, die Kinder, über die man früher schnell Freunde fand. Es ist wichtig, im Alter an seinem Wohnort gut etabliert und integriert zu sein. Das macht das Leben einfacher. Man kann alte Kontakte ausbauen, ohne wieder bei null anfangen zu müssen. Wie angenehm, wenn die Strukturen stimmen, der Arzt vertraut ist, man weiß, wo es im Viertel das frischeste Gemüse gibt. In der Straße, in der ich lebe, kennen sich die Nachbarn, man unterstützt sich gegenseitig, passt aufeinander auf. Nie würde ich umziehen. Das hier ist meine Heimat.

V wie Verwandtschaft

Der Traum von der Großfamilie, in der es laut und lustig zugeht, viel gefeiert wird, alle füreinander da sind, ist weitverbreitet. Familie ist der Ort, wo wir uns am meisten beschützt fühlen, es aber auch ganz schön krachen kann. Die beste Art, miteinander auszukommen, ist räumliche Nähe, aber gleichzeitig ein gewisse Distanz. Getrennte Haushalte, getrennte Kassen. Die Familientherapeuten nennen das »Intimität auf Abstand«. Im Übrigen: Nur weil ich mit jemandem dieselben Vorfahren teile, muss ich nicht mit dieser Person auf gleicher Wellenlänge schwimmen. Die Verwandtschaft kann man sich im Gegensatz zu seinen Freunden eben nicht aussuchen.

W wie Waldbaden

Jetzt gibt es keine Ausreden mehr, zu Hause hocken zu bleiben. Aus Japan kam ein neuer Trend: Waldbaden. Früher nannte man das Waldspaziergang, jetzt umschreibt es das bewusste Wandern durch den

Wald, um der Natur näher zu kommen. Unter uns gesagt: Wir brauchen keine Heiler, die uns sagen, wie gesund und beruhigend der Aufenthalt im Wald ist. Wir spüren selbst, wie unser innerer Tempomat die Geschwindigkeit drosselt, wie sich der Herzschlag beruhigt, wir alles unglaublich intensiv wahrnehmen. Das Grün um uns herum, der Geruch der Erde, die Sonne oder der Regen auf unserer Haut ... In Japan gilt Waldbaden als Therapie, bei der man die Bäume umarmt und auch mal die Finger in den Waldboden steckt. »City-Detox« für uns Stadtmenschen. Gehen wir Bäume umarmen.

X wie X

Ich lasse mir doch kein X für ein U vormachen! Das ist nur eine Redewendung, aber eine, die sehr hilfreich ist.

Die Trickbetrüger werden immer dreister, und sie haben es vor allem auf uns ältere Menschen abgesehen. Mit erstaunlich psychologischem Geschick melden sie sich am Telefon, geben sich als Verwandte aus, die wegen einer Notlage dringend finanzielle Hilfe brauchen. Nochmals: Lassen Sie sich kein X für ein U vormachen. Die Menschenkenntnis, die man sich in einem langen Leben erworben hat, macht einen vielleicht zu selbstsicher, man glaubt: »Mir kann das doch nicht passieren.« Im Gehirn älterer Personen reagiert ein für die Risikoabschätzung wichtiges Zentrum weniger stark als bei jüngeren Menschen. Das haben Gehirnforscher herausgefunden. Deswegen fehlt manchmal das warnende Bauchgefühl. Bleiben Sie misstrauisch. Trauen Sie niemandem, der Ihnen an der Haustür etwas verkaufen will oder telefonisch behauptet, Sie hätten etwas gewonnen.

Y wie Yoga

Vieles geht uns durch den Kopf. Manchmal verdichtet sich das zu einem Gedankenkarussell, das uns nicht mehr loslässt. Jetzt brauchen wir den Herabschauenden Hund, die Fünf Tibeter oder die Kobra. Das sind Meditationsübungen, die körperliche und seelische Anspannungen lösen. Durch innere Versenkung sinkt sogar der Blutdruck, die Atmung wird ruhiger, die Muskelanspannung löst sich. Yoga gilt als perfekte Bewegungsart für reife Menschen. Auf sanfte Weise wird der Körper gestärkt, was den Geist auf Trab und die Psyche stabil hält. Es gibt verschiedene Formen des Yoga, manche legen ihren Schwerpunkt auf die geistige Konzentration, andere mehr auf körperliche Positionen oder Atemübungen. Ziel ist in jedem Fall der innere Frieden und ein besseres Körpergefühl.

Z wie Zeitdiebe

Wo ist nur die Zeit geblieben? Den Seufzer kennt jeder. So viel hat man sich vorgenommen und dann doch nur einen Bruchteil erledigt. Wir schieben das gern auf menschliche Zeitdiebe, die sich mit dem vorwurfsvollen Satz ankündigen: »Endlich hast du Zeit für mich!« Weil wir jetzt im Ruhestand sind, glauben sie, uns die Ohren vollquasseln zu können. Da sie ohne Punkt und Komma reden, können wir sie kaum unterbrechen. Was wir auch gar nicht vorhaben, weil wir uns zu gerne ablenken lassen, wenn wir ungeliebte, aber notwendige Tätigkeiten ausführen müssen. Ich wäre heilfroh, wenn man mich von der Steuererklärung fürs letzte Jahr weglotsen würde. Aber genau dadurch entsteht Zeitdruck. Hilfe, es hat sich zu viel angesammelt, ich habe den Überblick verloren! Typische Zeiträuber sind deswegen auch Unordnung auf dem Schreibtisch, die sozialen Medien, lange Telefongespräche, Müdigkeit, mangelnde Konzentration. Alles, was uns daran hindert, eine Aufgabe erfolgreich zu beenden. Dabei stellt sich erst danach das befreiende Gefühl ein: Jetzt habe ich endlich Zeit.

Zeit ist unsere wichtigste Ressource im Ruhestand. Wir sind nicht mehr die Sklaven der Uhr. Wir können frei über die Zeit verfügen, die noch vor uns liegt. Um endlich nur das zu tun, was uns wichtig ist. Das ist der wahre Luxus des Ruhestands. Wie heißt es so schön: »Dem Glücklichen schlägt keine Stunde!«

Zum Weiterlesen

Asmodi, Herbert: Reiseempfehlungen. https://www.lyrik-kabinett.de/veranstaltungen/event/der-joker/

Franck, Georg: Ökonomie der Aufmerksamkeit. Carl Hanser Verlag, München 1998

Hesse, Hermann: Mit der Reife wird man immer jünger. Suhrkamp Verlag, Berlin 2006

Huber, Lotti: Diese Zitrone hat noch viel Saft. dtv Verlagsgesellschaft, München 1998

Knef, Hildegard: Der geschenkte Gaul. Ullstein Taschenbuch Verlag, Berlin 2009

Koch, Marianne: Körperintelligenz. Was Sie wissen sollten, um jung zu bleiben. dtv Verlagsgesellschaft, München 2016

Kundera, Milan; Roth, Susanna: Die unerträgliche Leichtigkeit des Seins. S. Fischer Verlag, Frankfurt / Main 1988

de Maigret, Caroline; Mas, Sophie: Older, but better, but older. btb Verlag, München 2019

Middelhoff, Thomas: Schuldig. Vom Scheitern und Wiederaufstehen. adeo Verlag, Aßlar 2019

Noll, Ingrid: Kein Feuer kann brennen so heiß. Diogenes Verlag, Zürich 2021

Sinclair, David A.: Das Ende des Alterns. Die revolutionäre Medizin von morgen. DuMont Buchverlag, Köln 2020

Voelpel, Sven: Entscheide selbst, wie alt du bist. Was die Forschung über das Jungbleiben weiß. Rowohlt Verlage, Hamburg 2020

Bildnachweis

Die Bildrechte an den Fotos im Bildteil liegen bei:

S. 1–6 © Sabine Brauer
S. 7 © privat
S. 8 © Julia Marie Werner